낯선 시선

/\/\/\/\/\

낯선 시선

메타젠더로 본 세상

정
희
진

교양인
GYOYANGIN

5장 | 남성에 대하여

페미니즘은 인문학이 아니다?

얼마 전 어느 단체에서 주최하는 '인문학 캠프'에 강의를 갔다. 한눈에 봐도 똑똑해 보이는 여학생이 강의를 시작하기도 전에 질문이 있다며 손을 들었다. "저는 페미니즘은 인문학이 아니라고 생각합니다. 왜냐면 인문학은 사람을 사람답게 하는 건데, 페미니즘은 사람을 남자와 여자로 나누면서 갈등을 만들잖아요? 여성주의가 인문학이 되려면, 앞으로 시간이 좀 필요하다고 생각해요. 그러니까 아직 여성주의는 인문학에 포함되지 않는다고 생각합니다."

마치 강의하지 말고 나가라는 투로 들렸지만 나는 기분 좋게 응답했다. "아, 그렇군요. 저는 인문학이 자신이 누구인지 알아가는 공부라고 생각하거든요. 내가 누구인지 고민할 때, 자신의 성별(性別)을 모르고 가능할까요? 여성주의는 성별에 대한 고민에서 시작해 인간과 사회를 공부합니다. 아, 참 그리고, 이게 가장 잘못 알려진 건데요. 인간을 남성과 여성으로 구분하는 사고 방식은 여성주의가 아니라 가부장제입니다." 그 여학생의 의견은 내가 25년 동안 들어 왔지만 늘 친절하게 대답해야 하는 통념이다. 여성주의는 여성 문제만 다루지만(혹은 다루어야 하지만), 인문학이나 다른 학문은 인간을 다룬다는 이야기.

몇 년 전 어느 학회에 토론자로 참석했다. 학회를 주도하는 남자 교수의 발표가 시작되었다. "지금 탈북자의 80퍼센트가 여성입니다. 젠더의 도입이 시급한 형편입니다(교수는 '젠더 도입'을 특히 강조했다). 국제정치학이나 북한학은 그동안 젠더가 없었습니다. 하지만 이제 젠더로부터 자유로울 수 없고, 젠더를 배워야 합니다. 그래서 오늘 이렇게 여성학자 분들을 모시고……" 나는 이렇게 말했다. "선생님, 제 생각엔 젠더가 없다고 걱정하시지 않아도 될 것 같습니다. 선생님의 우려와 달리 서구에서도 국제정치학은 모든 학문 중에서 가장 젠더화된 분야로 유명합니다. 거의 백 퍼센트 젠더라고 해도 과언이 아닙니다. 젠더가 넘치고 있어요! 국방 용어의 대부분이 젠더 메타포(성별화된 은유) 잖아요?" 내 이야기에 참석자들 중 반은 어색한 웃음을, 반은 폭소를 터뜨렸다.

비슷한 일화는 끝이 없다. 예를 들어, "국문학 학회지에 논문을 기고하면 업적 평가 점수를 100점 주어야 하지만 여성학 학회 논문 게재는 (여성은 인류의 반이므로) 50점을 주어야 한다."라고 주장하는 '명문대' 교수도 있다. 이런 경우는 인문학적 소양까지 갈 것도 없이, '개념 탈출' 수준이다. 가장 심각한 문제는 인권 침해다. 여성이 반만 인간이라는 발상이라면, 장애 연구 분야인 '특수교육학' 학회지에 논문을 기고하면 인구 비율대로 10점을 주어야 할까? 여성이 남성의 반이라면, 장애인은 비장애인의 10분의 1에 불과한 인간이란 말인가.

이런 이야기들은 여성주의에 대한 두 가지 지배적 통념을 대변한다. 하나는 젠더에 대한 인식이 없는 성차별주의고, 또 하나는 '젠더=여성'이라는 사고방식이다. 이는 여성주의에 관한 문제라기보다는, 생각하기 자체를 차단하는 접근법이다. 구체적으로는, 성별에 대한 질문을 불가능하게 하고 여성을 우대하고 배려하고 처리하고 관리하고 차별하는 대상화의 화법이다.

메타젠더란?

영어의 접두사 'meta'는 '변화, 변성(變性), 초월, 한 단계 높은 차원'을 뜻한다. 애벌레가 나비가 되는 것과 같은 형태의 변화와 성장을 뜻하는 변태(變態, meta/morphosis)나 은유를 의미하는 메타포(meta/phor)는 대표적인 단어이자 '메타'의 뜻을 잘 보여주는 표현이다. 메타 인지(meta/cognition)는 '사고 과정 자체에 대한 사고 능력'을 말하는데, 비슷한 원리다. 메타 인지는 자신이 무엇을 하고 있는지를 파악하는 능력이다.

메타는 상태의 변화이되 상태 그 자체에서 출발한다. 애벌레가 있어야 나비도 가능한 것이다. 그러나 애벌레와 나비는 전혀 다른 형태다. 즉 메타젠더는 젠더에 대한 이해 없이는 불가능하고, 인식론으로서 메타젠더는 남녀를 '벗어난다'.

메타젠더는 젠더의 필연적 결과이다. 젠더를 가시화하는 작업은 우리를 새로운 세계(여성주의)로 인도하지만, 성별이 그 자체만으로 작동하는 경우는 없다. 어떤 사회 현상도, 인간 본성도, 한 가지 요소만으로는 설명할 수 없다. 메타젠더는 근대적 환원론을 넘어서 사회와 젠더를 복합(multiple)적으로, 혼재(fusion) 상태로, '이식(異識, hybrid)'의 사유로, 다각적으로 사유하려는 인식론이다.

마르크스주의가 노동과 노동자에 '대한' 지식이 아니라 보편적이면서도 당파적인 피억압자 전반을 위한 세계관인 것처럼, 메타젠더는 남녀에 '대한' 지식이 아니라 기존에 구축된 젠더화된 담론 체계를 상대화하고 그 장(場) 밖의 사고방식을 모색한다. 마르크스는 "이제까지 철학자들은 다양하게 세계를 해석해왔을 뿐이다. 그러나 문제는, 세계를 변화시키는 데 있다."라고 말했다. 그러나 페미니스트들은 이 구절을 '훨씬 넓게' 생각한다. 이제까지 언어는 서구 남성들의 것이었다. 모든 언어는 그들의 경험에서 나왔다. 변혁의 실패는 '해석만 해서'가 아니라 해석을 독점하여 해석력을 잃었기 때문이다. 그러므로 본질적으로 중요한 문제는, 세계를 새롭게 해석하는 것이다. 해석이 곧 변혁이다. 그렇다면, 누가 어떻게 해석할 것인가. 페미니즘은 여기서 말하는 해석과 어떤 관계에 있는가.

한국 사회에는 언어가 절실하다

최근 우리 사회의 모습을 보자. 지난 2~3년 동안 젊은 여성들이 주도하고 온라인에서 불어오는 페미니즘 '열풍'의 원인은 무엇이고 언제까지 이어질 것인가에 관해 많은 고민들이 쏟아져 나오고 있다. 20대에 여성주의를 접하고 40대를 떠나보내고 있는 나로서는, 여성주의 도서가 일 주일에 한 권씩 출간되는 최근의 현상이 반가우면서도 익숙하지 않다. 사회과학이나 인문학 서적의 시장 규모는 '경제·경영, 자기 계발 분야'에 비교할 수 있는 수준이 아니다. 그중에서도 여성학 책, 그것도 남성과 여성의 조화를 강조하는 내용조차 일 년에 한두 권씩 나왔던 시절에 비하면 놀랄 만한 변화다. 한편, 여성들이 말을 할 때마다 붙여야 했던 '접두언', "나는 페미니스트는 아니지만……" 시절을 생각하면 불과 10년도 안 된 일이다.

지금 여성들의 당당한 자기 인식의 목소리가 언제까지, 어디까지 갈 것인가. 사실, 한국 사회에서 여성들은 이러한 현실을 대비하고 있었다. 이명박 정권의 쇠고기 수입 반대 시위를 주도한 여성들은 저항 문화 자체를 변화시켰다. 끈질김과 '비폭력'은 물론이고 자신의 정체성을 '국민'에서 '여성', '상식적인 시민',

'글로벌 마켓의 소비자'로 다양화했다. 가장 직접적으로는 저출산을 선택했다. '우리'의 고민은 여성이 사회 변화를 주도하고 있는 현실 그리고 전반적인 여성 의식의 고양이, 어떻게 여성의 실질적인 지위 향상과 사회 정의 실현으로 지속될 수 있을까 하는 것이다.

이 책의 목적은 여성주의를 설득하고 설명하고 주장하는 것, 즉 '여성주의 의식화'가 아니다. 여성주의를 이해한다는 것이 곧 여성주의에 동의한다는 의미는 아니다. 다른 접근 방식이 필요하다. 이 책은 인간의 사회화 그리고 인식 과정에서, 젠더와 여성주의의 '중대한 역할'을 강조한다. 따라서 젠더와 여성주의의 개념과 가치는 사회적 문맥에 따라 달라진다. 페미니즘은 성별(남성성/여성성)에 대한 문제의식에서 출발했지만, 성별에 대한 비판만으로는 성별 문제를 해결할 수 없다. 그 어떠한 사회 문제도 젠더나 계급, 나이 등 한 가지 모순으로 작동하는 경우는 없기 때문이다.

젠더를 해결하려면 젠더를 가시화하는 동시에 젠더를 넘어서야 한다. 젠더를 조금이라도 해체하고 무력화해야 한다. 환경 문제가 지구의 '책임'이 아니듯, 여성 문제(젠더, 인간을 성별로 구분하는 제도) 역시 여성의 '책임'이 아니다. 이성애에 기반을 둔 가부장제 사회가 인간을 남성과 여성으로 구분했고, 그 구별의 권력이 성차별을 가능케 했다. 그러므로 페미니즘은 근원적으로 그 구별(젠더)에 반대하지만, 그 구별이 만들어낸 효과(차별)로서 젠더가 작동하는 현실을 문제 삼는다. 한편으로는 젠더가 본질적인 구별이 아님을 강조하면서, 젠더로 인한 구분이 얼마나 문제인지를 밝혀내는 것이다. 페미니즘의 주장은 언제나 '차이가 차별이 된 것이 아니라 권력이 차이를 만들었음'을 상기시키는 것이다. 차이와 차별은 아무런 상관이 없다.

여성주의는 인식의 멀티 플레이어

이 책에 실린 글들은 지난 5년 동안 몇몇 매체에 틈틈이 써온 것이지만, 내게는 '전작(全作)' 작업과 다르지 않다. 거창하게 말하면, 여성으로 상징되는 사회적 약자의 시선에 대한 나의 탐구이자 나 자신에 대한 심문, 이것이 나의 글쓰기 방식이기 때문이다. 책에 실린 글의 소재는 'KTX'에서부터 '각자도생 시대의 인간성'까지 다양하지만 일관된 인식론으로 연결되어 있고, 젠더뿐만 아니라 계급, 지역, 나이, 성 정체성까지 다양한 사회적 모순을 다루고 있다.

기존의 지식은 각자 할당된 인식론이 따로 있으면서 동시에 위계적이었다. 북핵 문제, 국가 안보 문제는 정치학의 영역이자 가장 중요하다는 식이다. 혹은 '성형 수술은 외모 지상주의'라는 식으로 해석이 정해져 있었다. 이러한 현상은 인문학의 부재라고 할 수도 있고, 자기 사회를 스스로 해석하지 못하는 문제, 우리가 살고 있는 현장을 외국 이론을 적용하는 장으로 생각하는 식민성 문제라고도 할 수 있다. 여성에게는, 한국 사회에는, 언제나 언어가 부족하다. 그것은 인식의 부재, 사유의 부재, 실천의 부재를 의미하고, 이는 곧 현실을 변화시키고자 하는 이들의 좌절과 혼란으로 이어진다.

내가 일상에서 많이 받는 질문 중에는 젠더 문제도 있지만 당대 우리 사회의 문제를 어떻게 생각하느냐는 내용이 많다. "그 영화의 흥행을 어떻게 생각하느냐, 한강의 소설을 어떻게 읽었느냐, 알파고 대국을 어떻게 생각하느냐, 트럼프 당선에 대한 입장은 무엇인가, 박근혜 대통령을 정신 분석 해보라, 자살에 대한 인식 개선 캠페인을 어떻게 생각하느냐, 기본 소득이 가능하다고 보는가, 대한민국은 민주공화국인가, (내가) 인터넷이나 SNS를 사용하지 않는 것이 페미니즘과 상관이 있는가……" 등등 다양하다. 당연히 사람들은 내가 모든 문제를 다 안다는 가정에서 질문하는 것이 아니다. '페미니스트'인 나에게, 특정 사안에 대한 입장을 묻는 것이다. 나는 사람들의 이러한 반응이 엄청난 진보라고 생각한다. 페미니스트는 다르게 생각할 것이라고 기대하는 것이다.

나는 위에 언급한 이슈들을 기존과는 다른 입장에서 생각하는 것이 사회 운동, 사회 정의 자체이자 출발점이라고 생각한다. 그리고 내 입장은 수많은 해석 중 하나일 뿐이다. 모든 시민은 각자 사회적 처지와 위치가 있고, 그 위치에 따른 자신의 생각을 가지고 살아가야 한다. 다른 목소리들이 경합하고 동시에 조화로운 사회. 다르게 생각하는 것만으로는 부족하다. "다르게 생각하라"(스티브 잡스)를 다르게 생각해야 한다. 그것은 '창조 경제'일 수도 있고, '인문학적 소양'일 수도 있고, '지적인 대화'일 수도 있다.

그러나 분명한 것은 이제, 다르게 생각하기가 생존의 문제가 되었다는 것이다. 우리에게 지식 정보화 사회의 '진정한' 의미는, 언어/사유의 힘이 중대해졌다는 사실, 그리고 사회적 약자가 자기 언어를 갖지 않으면 존재 양식을 잃는 시대라는 것이다. 우리에게는 돈이나 물리력이 없다. 절대 다수인 사회적 약자가 가질 수 있는 유일한 자원은 윤리와 언어뿐이다. 그리고 남녀를 불문하고 여성주의는 이 과정에 '지름길'이 될 것이다. 이것이 여성주의 윤리학과 정치학이 모델로 하는 메타젠더이다. 단언컨대, 여성주의를 모르고 앎을 말할 수 없다. 인류의 반의 경험을 제외하고, 어떻게 인간과 사회를 논하겠는가. 이 책이 젠더라는 렌즈가 인식의 '멀티 플레이어'임을 보여주는 계기가 되기를 희망한다.

1장

'상식'에 대하여

금수저의 운명

////////

김태용 감독의 영화 〈여교사〉를 보았다. 영화가 끝나고 나의 '탁월한 선택'에 스스로 감격하고 있는데, 누군가 뒷좌석에서 "나라가 미쳐 가니 영화도 미쳤구먼, 막장……."이라며 투덜댔다. 기분이 상했다. 하지만 집으로 오면서 영화를 복기해보니, 어떤 의미에서는 그 관객의 말이 맞다는 생각이 들었다. 그렇다. 이 영화는 '미쳐 가는 나라'의 풍경이다. 영화가 현실보다 훨씬 덜 '미쳤을' 뿐이다.

스포일러를 피하기 위해 거칠게 요약하면, 영화는 정규직 교사와 기간제(계약직) 교사인 두 여성의 갈등을 그린다. 'ㅇ수저' 표현이 진부하지만, 둘은 각각 금수저와 흙수저를 대표한다. 좋은 영화가 그렇듯 이 영화 역시 여러 각도에서 다양한 해석이 가능하겠지만 나는 '금수저의 무지와 운명'에 관심이 갔다. 계급 고착 사회에서 흙수저가 겪는 차별과 모욕은 말할 것도 없지만, 금수저라고 해서 모두 '잘되는 것'은 아니다. 내 주변의 금수저 혹은 준(準)금수저 자녀들을 보면 다들 골칫덩이다. 별별 문제가 다 있다. 최소한의 공부나 노동은 일찌감치 굿바이고, 자동차 폭주, 성형, 술……. 시간은 많고 할 일은 없는 지루한 청춘들에게 소비는 최대의 놀이다. 부모와의 갈등은 필연적이다. 난동은 비행기 안에서만 일어나는 게 아니다.

부모들의 호소를 듣고 있노라면, 돈이 사람을 망친다는 생각이 절로 든다. 부자 부모 밑에서 자란 자식이 성숙하기까지 하면 좋겠지만, 그런 집은 드물다. 내 생각에 이 영화는 금수저에 대한 경고다. 정유라 씨처럼 근거 없는(?) 기이한 금수저가 아니라면, 즉 '정상적'인 금수저도 세상 물정을 알 필요가 있다. 이 영화의 금수저처럼 "저는 고생을 안 해서 아무것도 몰라요."로 일관하다가는 큰코다친다.

흔히 사람의 욕망은 끝이 없다고 하는데, 이는 정확한 말이 아니다. '끝'은 원래 끝이 없다. 그리고 아무리 금수저라도 모든 욕구를 다 채우며 살 수는 없다. 문제는 선(線)을 모를 때 생긴다. 적정선을 인식하려면 자신과 인간관계, 사회를 알아야 한다. 모든 인간에게 어려운 일이다. 그러나 흙수저는 선을 밟거나 넘으면 바로 태클이 들어오기 때문에 경계를 너무나 잘 알고 있다. 그것이 '좌절'이다. 아니, 목숨이 위태로울 수도 있다. 처지에서 배우는 것이다. 그러나 금수저는 이 정치학에 무지하다. 분간이 없다. 주변에서 문제 제기가 들어오면 돈, 협박, 거드름으로 대강 안면몰수하고 공적인 논란이 생기면 "기억이 안 난다."라고 하면 그만이다.

이 영화에서 내가 가장 놀라고 분노했던 부분은, 타인의 마음을 농락하는 금수저의 일상이다.(물론 새삼스러운 사실은 아니지만, 그래도 우리는 계속 놀라야만 한다!) 극중 '갑'은 타인에게 더러운 노동을 시킴으로써 '을'에게서 모든 것을 완벽하게 빼앗는다. 하지만 금수저는 결국 처벌받는다. 이 영화의 금수저는 모든 것을 가졌다. 언니까지 있었으면 좋겠다고 생각한다. 문제는 그 언니(실은 하녀)가 자신이 짓밟은 흙수저라는 사실이다. 이 부분이 선을 넘은 것이다.

그 처벌이 해결은 아니지만, 어차피 인간사에 그리고 자본주의 구조에서 해결이란 없다. 나는 화면 속으로 들어가 김하늘 씨(흙수저 역)를 돕고 싶을 정도였다. 서두에서 언급한 관객의 말대로 나는 미쳤는가? 나는 이 동일시가 정상이라고 생각한다. '장난 삼아' 남의 일자리를 뺏을 수는 있다. 그러나 타인의 진심을 이용하고 노리개 삼는 것은 인격 살해다. 이런 일을 당한 피해자는 온전한 삶을 살 수 없다.

이 영화의 주제는 금수저에 대한 복수가 아니다. '복수론'은, 잘못해놓고 처벌받지 않으려는 자들의 지배 이데올로기다. 사법 정의를 소유하고 있는 지배 세력은, 복수 외에는 정의를 실현할 수 없는 이들에게 "복수는 너의 것? 너의 끝!"이라고 속삭인다. 주변 사람들도 걱정한다. "복수하면 너만 망가진다", "잊어라". 저항, 정의, 복수의 차이는 무엇인가. 이를 설명하지 못하면서,

복수는 무조건 나쁘다는 설교는 부정의하다.

영화 〈여교사〉의 주제는 인간으로서 마지노선을 자각한 흙수저의 승리이자 상식적 권선징악이다. 불가능과 좌절을 처절히 깨달을 수밖에 없는 환경, 그것을 자원 삼아 인구의 절대 다수인 흙수저들은 선(善)으로 전진할 가능성이 있다. 금수저의 가장 큰 약점은 상대방에 대한 무시가 아니다. 무지다. 흙수저가 이 사실을 간파한다면, 무지한 그들을 이길 수 있다.

흙수저와 금수저의 갈등은 젊은이들 사이의 문제가 아니다. 젊은 금수저는 오히려 위태롭다. 그들은 부모 없이는 아무것도 할 수 없는 경우가 대부분이다. 금수저는 부모의 자원이지 그들의 것이 아니다. 수저 논쟁은 상층 '부모'와 하층 '자녀'의 갈등으로 세대와 계급 모순이 합쳐져 있다. 부모 세대에서는 결판이 났을지도 모르지만, 자녀 세대에서는 계급도 세습되지만 동시에 앎의 위치성도 승계된다. 흙수저의 유일한 자산은 한계선 자각에서 오는 새로운 인식의 가능성이고, 금수저의 운명은 무지다.

이것은 계급 투쟁이 일방적이지만은 않다는 것을 보여준다. 상황과 전선을 아는 것. 상대를 아는 자와 모르는 자, 아니 알려고도 하지 않는 자의 대결이라면 누구에게 승산이 있겠는가?

2017. 1. 16.

목숨 걸고 사과하기

/\/\/\/\/\

　한국을 방문한 '제이슨 본 시리즈'의 배우 맷 데이먼은 JTBC 손석희 앵커가 "〈007〉 시리즈(제임스 본드)와의 차별점이 무엇인가?"라고 묻자, "007은 여성 비하적이다."라고 대답했다. 그가 물 부족 해결을 위해 힘쓰는 환경 운동가이자 20대에 친구 벤 애플렉과 함께 아카데미 각본상을 받은 사실은 널리 알려져 있다.

　이 매력적인 배우에게 '겨우' 〈007〉과 〈본 시리즈〉를 비교해 달라는 요청은 적절치 않아 보인다. 사심을 담아 말한다면, 한마디로 '체급'이 다른 영화다. 〈007〉은 영국 배우 대니얼 크레이그가 본드로 교체되기 전까지는 냉전 이데올로기 범벅에 약자를 '악의 축'으로 그린 영국산 순수 오락물이었다.

　〈본 시리즈〉와 〈007〉은 정반대의 정치학을 추구한다. 〈007〉이 국가를 상징하는 스파이를 내세운 대리전으로 국민국가 개념을 강화하기 위한 장치였다면, 〈본 시리즈〉는 후기 국민국가 시대의 텍스트다. 1648년 베스트팔렌 조약 이후 고안된 정상적인 국가는 국민-주권-영토가 있어야 하며, 국가는 국민과 국어를 만들어내고 국민은 국가에 등록되기 위해 노력하는 국가였다. 서구에서 시작된 모델이지만 국가와 국민 간의 상호 정체성 확립 과정은 국가와 국가의 모임인 '국제(inter-national)' 개념이 만들어지는 과정이기도 했다. '국가가 먼저, 국제가 나중'이 아니다. 국가나 국제나 가상의 개념이다.

'제이슨 본 시리즈'는 국가와 국민의 연결 고리를 문제 삼는다. 주인공이 그간 조국이 저질러 왔던 일을 악몽으로나마 기억해내고, 그 최전선에서 살아온 자신의 정체성(CIA 요원)을 부정하는 영화다. 한마디로, 그는 국민으로부터 탈퇴하기 위해 투쟁한다. 국가의 이익을 증오하고 자신의 양심을 찾기 위해 고군분투한다.

영화를 보는 관객은 제이슨 본을 응원하면서 국민-국가(nation-state)의 연결이 부정되는 장면을 지지하게 된다. 그 과정의 핵심에 사과가 있다. 내가 가장 좋아하는 장면은 2편 〈본 슈프리머시〉의 도입부다. 주인공은 춥고 바람 부는 한겨울, 어두운 모스크바 밤거리를 죽을힘을 다해 달리고 구르고 쫓기며 어느 작은 집에 도착한다. 그의 얼굴은 피로와 추위로 반쯤 넋이 나가 있다. 눈은 충혈되고 숨소리는 겨우 이어진다. 소녀가 들어온다. 그가 도둑이나 성폭력범이라고 생각한 소녀는 잔뜩 겁먹은 채 "저희 집에는 아무것도 없어요."라고 말한다. 소녀를 안심시키며 본은 말한다.

"너희 부모님(러시아 하원의원 부부로 누명을 쓰고 죽음)은 애국자셨다. 나는 미국인이고 어쩔 수 없이 너의 부모님을 죽였다. 너에게 깊은 상처를 주었다. 너무 부족하지만 이 말을 하기 위해 왔다. 부모님을 좋은 사람으로 기억하기 바란다."는 요지의 사과를 한다. 그는 오로지 자신이 살해한 사람의 가족에게 사과하기 위해 죽음을 무릅쓰고 유럽 전역을 도망 다닌 것이다. 이 장면이 '영화에서나 나올 법한 이야기'가 아니라 현실이라면 얼마나 좋을까. 사과. 사죄. 용서를 구하는 것. 타인에게 자신의 잘못을 인정하고 책임지려는 자세. 이 영화에서 부모를 잃은 소녀는 주인공의 잘못을 모른다. 그런데도 그는 깊은 죄의식에 젖은 채 소녀가 부모를 좋게 기억할 수 있도록 사과한다. 바로 옆 사람에게 하는 사과가 아니다. 그는 목숨을 걸었다.

우리 사회에서 사과의 의미는 타락 일로다. 나 같은 사람은 알아듣기도 힘든 부패 뉴스(예를 들면, 검사의 주식 대박)의 주인공이 여론에 몰리면 어쩔 수 없이 하는 억지 멘트가 사과다. 대개 "심려를 끼쳐 죄송하다."고 하는데 어이가 없다. 국민들은 그들을 걱정한 적이 없다. 분노할 뿐이다. 사과해야 할 사람이 바뀐 경우는 더 억울하다. 피해자나 약자가 사과할 것을 강요받는다. 가해자가 피해자를 협박하는 일도 비일비재하다. 사과는 정의나 시비가 아니라 권력 관계의 문제가 되었다. 사과는 '갑'의 자기 합리화와 마음의 평화를 위해 혹은 숨겨진 죄의식을 덜어주기 위한 제도 같다는 생각마저 든다.

지금 우리는 자본과 각종 '갑'들이 통치하는 사회이면서, 동시에 일상적으로는 도덕적 기준이 매우 낮은 뻔뻔한 사람들이 지배하는 사회에 살고 있다. 사과는 희귀한 일이 되었다. 억울한 일을 당해도 '미안하다'는 말을 들으려 했다가는 상처받고 분노만 쌓일 뿐이다. '아예 기대하지 말라'가 위로가 되는 사회다.

우리는 흔히 '사이코패스'는 뭔가 특이하고 천재적인 나쁜 재능을 지닌 사람이라고 생각하지만, 사이코패스는 단순한 사람이다. 자신의 능력이나 노력에 걸맞지 않은 권력을 얻기 위해 수단과 방법을 가리지 않는 사람이 사이코패스다. 무능하고 불성실하지만 양심의 기준이 매우 낮은 사람이 사이코패스다. 즉 나라면 절대 할 수 없는 나쁜 일을 쉽게 망설임 없이 당당하게 하는 사람이 사이코패스다. 이런 사람이 주류인 사회에서 상식적인 사람은 우울할 수밖에 없다.

영화에서처럼 사과하기 위해 목숨을 걸 필요도, 그럴 만한 일도 없다. 자기가 저지른 일의 의미를 알고 잘못을 인정하고, 상대방이 세상에 절망을 느끼지 않도록 고통과 복수심에 시달리지 않도록 헤아리는 마음을 보여주기만 해도, 사과의 반은 이루어진 것이다. 이 글을 친구에게 보여주었더니, "진짜 문제는 무엇이 잘못인지 모르는 사회가 아닐까?"라고 말한다. 맞아, 그렇지……. 나는 우울해졌다.

2016. 8. 1.

'그 민주당'과 '인민의당'
/\/\/\/\

처음 일본을 방문했을 때 길거리에 나붙은 '일본 공산당' 포
스터의 충격은 지금도 생생하다. 나중에는 너무 놀란 내가 '독
재 국가 출신' 티를 내는 것 같아 마음속으로만 사상의 자유에
감격했다. 그러나 현재 일본 공산당은 이름뿐, '자이니치(재일동
포)' 문제에조차 소극적인 평범한 군소 정당이다.

우리나라 정당의 잦은 분당과 창당, 당명 바꾸기는 뉴스가 아
니다. 내가 처음 들어본 정당은 초등학교 때 (민주)공화당이었
다. 그때는 야당 이름을 몰랐다. 이후 민정당, 민자당, 한나라당,
새누리당, 평민당, 민주당, 새정치국민회의, 새정치민주연합, 자
유선진당, 민주노동당, 정의당, 노동당, 진보신당, 사회당……
연예 기획사에 소속된 허경영 씨의 민주공화당과 박근혜 대통령
의 제부(弟夫) 신동욱 씨가 총재로 있는 공화당까지 변화무쌍하
다. 개인적으로 가장 기억에 남는 정당은 2003년 노무현 대통령
시절의 열린우리당이다. 특정 지역을 배제함으로써 전국 정당을

만들겠다는 발상. 지금까지도 많은 이들에게 상처로 남아 있으며 야권 분열의 근원으로도 지목받고 있다.

새정치민주연합이 갈라진 '더불어민주당'과 '국민의당'은 흥미롭다. 더불어민주당은 여러 가지 해석이 가능하다. '더하기'라는 의미면 좋겠지만, 영어의 정관사(定冠詞)를 붙인 '더(The)민주'가 가장 많이 사용된다. 번역하면 '그(the) 당이 그 당이다'. 안철수 의원의 '국민의당'은 급진적이다. 영문명은 민중의 당, 인민의 당으로 번역할 수 있는 'The People's Party'다. 북한의 국호, 조선민주주의인민공화국(Democratic People's Republic of Korea)의 그 '인민'이다! 남북 화해 차원에서 '인민의당'이라고 부르면 어떨까.

영미의 전통적인 양당 체제를 정상 국가의 조건으로 생각하는 이들은 분당과 창당, 사당(私黨)화된 우리 정당의 일상을 후진적이라고 개탄한다. 틀린 의견은 아니지만, 한국에서 가장 오래 활동한 정당은 1963년 현 대통령의 아버지가 주도해 창당한 민주공화당이다. 주지하다시피 자체 쿠데타로 1980년에 사라졌다. 그들의 17년 8개월은 장기 집권이었지 정당 발전사가 아니었다. 1823년 창당된 미국의 민주당, 180년에 이르는 영국의 보수당, 130년의 독일 사회민주당은 다르다. 이들은 수차례 다른 정당과 권력을 분점하거나 교대해 왔다.

지금 우리 정치의 시급한 과제가 서구 교과서에나 나오는 '이념과 정책에 기초한 양당 체제' 혹은 '진보 정당의 필요성'일까?

나는 그렇게 생각하지 않는다. 내 걱정은 다음 대선 결과에 따라 남한 사회가 일본처럼 일당 체제로 굳어질 가능성이다. 일본의 자민당은 제2차 세계대전 후 영구 집권하고 있다. 그들의 세습 시스템은 북한보다 정교하다. 일본이 경제력에 비해 국제 사회에서 위상이 낮고 전후 책임 방식에서 언제나 독일과 도덕성을 비교당하는 이유는 일본 사회 내부의 세력 교체 부재와 무관하지 않다.

김대중, 노무현 두 사람이 대통령이 되었을 때 일본은 놀라고 부러워했다. 그 사회에서는 '절대로' 나올 수 없는 배경의 인물, 캐릭터가 대통령이 된 것이다. 우리가 그나마 10년 동안 '다른 사회'를 경험할 수 있었던 것은 광주의 희생과 이후 1980년대 사회 운동, DJP연합, 이인제 씨와 이회창 씨의 '도움', 간발의 표차 등으로 기적에 가까운 정권 교체가 있었기 때문이다.

한국 사회에서 양당 정치는 꿈이다. 정확히 말하면, 서구 모델을 본받으려는 식민주의다. '북한'과 '전라도'는 전 세계 어디에도 없다. 이를 둘러싼 차별 구조를 고려하는 우리만의 모델이 나와야 한다. 보수 세력보다 야권의 분당이 훨씬 잦은 이유는 야당 스스로 여당의 논리대로 '경상도당'은 전국 정당이고, '전라도당'은 지역 정당이라고 생각하기 때문이다. 진보 정당은 북한에 대한 입장에 따라 갈등과 분화를 반복해 왔다. 분단과 지역 차별, 두 가지 구조로 인해 지금처럼 '일당 대 다당' 체제가 고착된다면? 그마저도 야당 2개, 진보 정당 3~4개라면? 평화 통일도, 경제 민주화도, 세월호 진상 규명도 절망이다.

끝으로 녹색을 사용하는 '인민의당'에 항의한다. '인민의당'은 자기 색깔을 설명해야 한다. 녹색당은 2011년에 먼저 창당되었다. 한국 정당사에서 4~5년은 매우 긴 시간이다. 녹색당의 녹색은 새누리당의 빨간색과 같은 의미가 아니다. 전자는 정책이고, 후자는 아무 색이나 사용할 수 있는 기득권이다. '인민의당'의 녹색 사용은 재고되어야 한다. 다른 정당이 사용하면 피해 가는 것이 기본 아닐까. 동료 정당 무시가 국민 무시로 연결되지 않기를 바란다.

2016. 1. 21.

"교과서가 어떻게 다양할 수 있나?"

〰〰〰〰

　교과서 문제로 거리의 플래카드가 선거철을 방불케 한다. 내가 본 것 중 가장 근거 없는 주장은 "우리 아이들이 주체사상을 배우고 있습니다"였고(그런 적 없다), 간만에 멋진 말은 "좋은 대통령은 역사를 만들고 나쁜 대통령은 역사책을 바꿉니다"였다. 그렇다. 역사와 역사책은 다르다. 역사책의 내용이 진실은 아니라는 것은 누구나 안다. 역사는 과거사(事)를 기록한 것이 아니라 당대의 해석이다. 그래서 역사는 언제나 지금, 여기의 이야기이고 현실 정치의 문제가 된다. 진부한 얘기다.

　국정 교과서는 찬반 이전에 쟁점과 점검 사안이 하나둘이 아니다. 일단 국정(國定)을 국정(國正)으로 오해하기 쉽다. 어차피 국사는 불가능하다. 국사는 국민의 역사는 아니다. 국사는 근대에 이르러 만들어진 국가와 국가주의의 산물이다. '프롤레타리아트의 역사'를 포함해서 모든 역사는 승자의 역사, 정확히 말해 그들과 동일시하고 싶은 후대 권력자들의 자기 기록이다. 쓰는 사람의 입장에 따라 달라질 수밖에 없다.

또한 문서화된 것만이 역사일까. 구술사는 역사가 아닌가? 그렇다면 일제 시대 군 위안부 사건은 없었던 일이 된다. 침략자, 통치자들의 문서 파기가 흔한 것도 이 때문이다. 자료가 없으면 역사도 없다고 믿는 이들이 의외로 많다. 마치 자료는 객관적이고, 사람의 경험이나 말은 임의적인 것처럼 생각한다. 여성과 사회적 약자처럼 문서화된 자료가 없거나 비가시화된 집단은 이 문제를 줄기차게 제기해 왔다. 작금의 국정 교과서 강행은 이러한 논쟁의 역사조차 삭제하는 일이다.

이 와중에 내가 가장 놀란 사건은 김정배 국사편찬위원장이 지난 10월 16일 KBS와 한 인터뷰에서 "중·고등학교 학생한테는 사건과 사실의 정확성만 얘기해주면 되는 거고, 교과서에다가 다양성을 어떻게 집어넣습니까? 그건 안 됩니다."라고 발언한 것이었다. 그는 북한 관련 기술에 대해서도 "우리 것도 소화하기 벅찬데 북쪽 것까지 같이 들어오니까 이념 논쟁이 생겼다."라고 말했다. 중·고생은 일단 '하나'만 배우고 '다양한' 내용은 그 이후에 배워라? 언론용 발언이라치면, 이 한마디로 그를 재단할 수는 없다. 그러나 내용 자체만 보면 그의 인문학적 상식에 놀라지 않을 수 없다. 같은 주장이라도 다르게 말할 수 있는데, '국정' 대 '다양성', 둘 중 택일이라니? 이런 생각을 하는 분이 국사편찬위원장이다.

한 가지 생각과 여러 가지 생각은 대립하는 개념이 아니다.

정론(正論)도 여러 가지 정론의 일부일 뿐이다. 정론이 있고 '그 외/나머지/곁가지' 의견이 있는 것이 아니다. 더 중요한 사실은 하나의 내용을 제대로 이해하기 위해서라도 다양성은 필수적이라는 점이다. 다양성은 아무 상관 없는 것들의 독자적인 나열이 아니다. 다양성은 무지개 '빨주노초파남보' 중의 하나가 아니다. 빨강은 무지개의 스펙트럼 속에서만 빨강이지 혼자서는 빨강이 될 수 없다. 단일성은 다양성과의 관계 속에서 '획득'되는 것이다. 비교 대상이 없으면 자신을 알 수 없는 것과 같은 이치다. 페이스 메이커(pace maker), 육상 선수가 혼자가 아니라 동료들과 연습할 때 기록이 좋아지는 것과 비슷한 이유다. 페이스(속도)는 주인공과 페이스 '메이커'의 합작품이다.

모든 인식의 시작은 '다름'이다. 인간은 타인과의 차이를 통해서만 자신이 누구인지 알 수 있으며, 앎은 그 과정 자체다. 짧은 글도 교차 확인이 필수적인데, 대조해서 점검할 다른 지식이 없다면? "국사가 어떻게 다양성이 가능하냐?"라는 국사학자의 말은 정치인의 제스처라면 모를까, 지식인으로서 놀랄 만한 발언이다. 지식은 가르치는('주입') 것이 아니라 배우는 사람의 머릿속에서 일어나는 경합의 과정이다. 다양성은 나열된 지식이 아니라 사유의 조건이다.

차라리 국정(國定) 교과서가 국정(國政)에 편하므로 "국민 모두 하나가 되자."라고 말하는 것이 낫다. "다양성은 골치 아프다."라는 발언은 안일하다. 국정 교과서는 독재라기보다 인식 행위와 과정에 대한 무지의 산물이다. '그들을 위해 말하건대', 그들의 목표는 실현되지 않을 것이다. 지식은 갈등을 통해서만 생산된다. 이것은 지식 자본만의 특성이다. '창조 경제' 이데올로기와 국정 교과서는 불가능한 조합이다. 사실 현행 검정(檢定) 교과서도 별로 다양하지 않다. 어차피 검정 과정을 거친다. 여성사, 민중사, 일상사의 입장에서 보면 검정 교과서도 큰 차이가 없다. 인간의 삶과 해석은 얼마나 다양한가. 그래서 유사 이래 가장 흔한 책 제목이, '역사란 무엇인가'인 것이다.

2015. 10. 22.

'유승준'과 '황교안'

WWWW

유명 인사인데 잦은 부적절한 행동으로 구설에 오르내리는 이가 있다고 한다. 얼마 전 출판사 관계자와 통화 중에 내가 "그 정도로 심각하다면 다시 사회 생활을 할 수 있겠어요?" 했더니, 남성인 그의 분석이 흥미로웠다. "선생님은 한참 모르시네. 우리 나라는요, 병역만 아니면 다 컴백해요. 무슨 일을 저질렀어도 병역(비리)만 아니면 됩니다."라고 자신 있게 말했다. 그의 '큰소리'에는 이유가 있었다. "유승준 봐요. 지금 벌써 몇 년째예요? 그 사람이요? 1년 안에 다시 책 냅니다. 두고 보세요."

그의 요지는 '비리의 평등'에 대한 문제 제기였다. 사람은 누구나 양과 질에서 차이가 있을 뿐(물론 그 차이는 크다) 부정부패, 타인에 대한 차별 같은 갖가지 비윤리적 행동을 한다. '걸리면 불법, 안 걸리면 관행'으로 생각하는 한국 사회의 부패 둔감 문화에 비해, 유독 남성들은 병역 문제에 관해서는 치열하다 싶을 정도로 엄격하다. 역대 두 차례 대통령 선거는 모두 병역 문제가 결정적이었다. 이회창 씨 집안은 두 아들과 사위까지 모두 군대에 가지 않았다.

가수 겸 배우 스티브 유 씨(유승준)는 병역 기피로 입국이 금지되었다가 13년 만에 해외에서 국내 인터넷 방송에 출연했다. 그는 무릎을 꿇고 오열했다. 그 자신도, 보는 사람도 민망했을 것이다. 그도 이제 마흔이라는 나이가 되었다. 그에게 잘못이 없다는 사람도 적지만 13년이라는 세월에 놀라지 않은 이도 별로 없다.

그래서 유승준 씨 비난의 십 분의 일만이라도 '국무총리 황교안 청문회'에 관심을 보여 달라는 호소는 설득력이 있다. 고위 정치인의 책임과 역할을 생각하면 황교안 씨에게 더욱 엄격해야 한다. 유승준 씨의 그간의 '고난의 시간'에 비하면, 황교안 후보자에 대한 문화적 처벌, 사회적 무관심은 문제가 아닐 수 없다.

유승준 씨와 황교안 씨에 대한 분노의 차이는 어디서 기인한 것일까. 정치인은 아예 포기한 것일까. 연예인과 정치인에 대한 기대가 다르고, 연예인에 대해서는 비난 접근성(?)이 크기 때문일 것이다. 이 역시 차별적인데 일부 연예인의 여성과 약자 혐오 발화에 대해서는 병역 문제만큼 비난하지 않는다. 비판은커녕 '표현의 자유'라는 옹호를 받으며 지금도 방송 활동을 하고 있다.

특권층의 병역 비리에 대한 분노는 우리 사회의 성격을 보여 주는 중요한 요소다. 한국전쟁이 발발하자 이승만 정권은 부랴부랴 '국민은 모두 병사'라며 국민개병(皆兵) 제도를 실시했다. 이는 국민의 범위가 만들어지는 과정이었다. 남성들은 신분과 빈부 격차를 막론하고 모두가 평등하다는 환상을 품기에 충분했다. 그러나 사실, 이승만 정권 때부터 현 정부에 이르기까지 병역이 공평하게 시행된 적은 한 번도 없었다. 병역과 관련해서 국민은 3등분 된다. 군대에 안 가는 사람, 가기 싫은데 가야 하는 사람, 못 가는 사람(여성, 장애인……). 특히 '못 가는 사람'은 비(非)국민으로서 배제된 것인데 마치 면제된 것처럼 간주된다. 평등은 이 세 그룹 사이의 관계 분석에서 이루어져야 한다. 그러나 병역 비리 논란은 언제나 그들만의 리그, 즉 가야 하는 남성과 안 가는 남성들 사이의 문제로 축소된다.

이처럼 군사(軍事) 문제가 남성 간의 '평등'에 집중되다 보니, 군사주의에 대한 문제 제기나 개인의 종교적, 사상적 이유로 인한 거부는 사회적 의제로 상정조차 되기 힘들다. 배제, 기피, 특혜, 거부는 모두 다르다. 군대를 안/못 가는 이유는 섬세하게 구분되어야 한다.

분노의 이유와 분노를 표출하는 방식은 한 사회의 성숙도와 민주주의를 가늠하는 척도다. 병역 비리에 대한 분노가 압도적이고 대상에 따라 선별적으로 작용할 때 그것은 비판이 아니라 혐오 현상이다. 특히 다른 사회적 부정의에 대한 비판적 인식은 사소하게 취급되기 쉽다. 앞서 언급한 지인의 말대로 "군대 문제만 아니면 다 용서되는" 경향은 군대 비리만큼이나 심각한 문제다. 이는 흔히 말하는 '자숙의 기간'과 별도다. 누구나 잘못할 수 있고 '두 번째 기회'는 중요하다. 주가 조작, 불량 식품 생산, 논문 표절, 배우자 구타 같은 이유로 '13년 동안' 사회 활동, 아니 입국을 막는 경우가 있는가.

똑같은 잘못을 해도 매장당하는 사람이 있고, 아무 문제 없이 지나가는 경우가 있다. 정도의 차이가 있지만 누구나 한 번쯤 이와 관련한 억울한 경험이 있을 것이다. 황교안 씨는 군대에 가지 않고도 승승장구해 왔다. 그는 가정 폭력 옹호 발언, 공안 검사 경력까지 '청문회 비리 종합 세트'에 새로운 목록을 추가했다.

2015. 6. 12.

스펙의 스펙

\\\\\\\\

　최근 서민들에게 투하된 세금 폭탄의 발신지가 전 정권의 '자원 외교'와 4대강 사업비로 인한 세수 부족 때문이라고 한다. 택시 기사들은 이구동성으로 교통 범칙금 부과가 예전 같지 않다고 호소한다. 무인 카메라 대신 경찰이 사진을 찍고 있다. 회사 택시의 경우 사납금 15만 원에 신호 위반 7만 원 벌금을 내는 날이면 하루 종일 일하고도 22만 원을 내야 한다. 승용차를 이용하는 지인들은 "정부가 자동차로 돈을 걷는 것 같다. 서(署)별 할당이 있는지 경찰도 악착같다."라고 한다. 담뱃값 인상 이유가 '국민 건강 걱정'이라고 믿는 사람은 없다. 조세 불복종이 폭주하고 세무사 사무실은 북적댄다.

　동학 혁명 시대도 아닌데 '가렴주구(苛斂誅求)'가 절로 떠오른다. 마침내 점입가경, 얼마 전 보건복지부는 저출산 대책으로 싱글세를 도입하겠다고 했다가 논란이 일자 '농담'이라고 수습했다. 이에 '농담세'를 신설하자는 농담이 있을 정도다. 정부가 나

랏일을 그르치는 것도 어느 정도 급수와 종류가 있다. 벌이는 시원찮은데 세금이 많으면 '학정(虐政)'이 피부에 와 닿는다. 전시군 작전권 연기 소식을 듣고 군사 주권 문제 이전에, 세금 걱정부터 든다. 이 문제로 인한 비용을 다음 정권에서는 무슨 명목으로 메울까.

미국은 1990년대부터 지속적으로 전시 작전권을 '가져가라'고 종용해 왔다. 그러나 자국 의회에서 국방 예산이 대폭 삭감되자, 군수 산업 불황으로 골치 아프던 차에 마지못한 척 계속 맡아주겠다고 한다. 물론 전제는 미국산 무기 도입이다. '점령군이다, 보호자다' 식의 반미-사대주의 논란을 떠나, 한·미 동맹이 유례없는 고비용 아웃소싱, 미국의 '관리 국방' 체제라는 사실은 국제정치학의 상식이 된 지 오래다. 돈 대는 사람이 '을'인 이상한 아웃소싱이다.

대통령에게 왜 군 작전권에 대한 대선 공약을 지키지 않느냐고 따지는 것보다 비용부터 따지는 게 낫다. 단군 이래 최대 규모의 무기 도입 사업이다. 김종대 〈디펜스 21플러스〉 편집장은 향후 30년간 운용 비용은 제외하고 도입 비용만 13조 7000억 원에 실제 사업 진행 과정에서 대략 20조 원까지 증액될 것이라고 예상한다. 무기 구매는 국회에서도 사업 변경이 쉽지 않은 사안이다. 서민들에게 10조 원, 20조 원은 감이 오지 않는 숫자다. 게다가 국방 문제는 굉장히 전문 분야처럼 '여겨져서' 부패와 불합리가 극에 달해도 국민적 저항이 어렵다. 첨단 무기는 특수한 상품이다. 천문학적 비용은 차치하고 철저히 맞춤형으로 주문 구입해야 한다. 우리가 매일 쓰는 단어 '스펙(specification)'이 그것이다. 스펙은 원래 군사 업무에서 많이 사용하는 표현이다. 무기류를 구매할 때 구매자가 원하는 기계류의 치수, 무게 등 성능과 특성을 나타내는 수적(數的) 지표를 말한다.

스펙, 즉 제작 제원(諸元)이 좋다는 말은 사람이나 상품이나 조건이 좋다는 것이지 그 자체로 완성품은 아니다. 제작 기간이 오래 걸리므로 구매국 주변의 시기별 정세 변화에 따라 유동적이고 복잡한 업무다. '스펙(specify)'은 구체성, 자세, 명확성, 특유성, 독특성처럼 개별성을 강조하는 용어다. 무기 구매를 하려면 사는 쪽의 자기 파악이 가장 중요한 사안임을 말해주는 단어다. 국가의 주요 위협 세력이 누구인지, 상대방의 무기 수준, 상호 지형 지물, 국제 정세 변화에 관한 끊임없는 연구와 판단이 필요하다. 스펙은 그 나라만의 특수성이 핵심이라는 얘기다. 간단한 예로, 산이 많은 우리나라에서는 사막에서 쓰는 아파치 헬기가 필요 없다.

그런데 우리는 스펙을 요구할 스펙이 없다. 물건을 구입할 줄 모르는 소비자. 적절한 비유가 될지 모르겠지만, 나 같은 사람이 주식을 살 줄 모르는 것과 비슷하다. 60년 넘게 남의 나라에 국방을 맡겼기 때문에 우리는 우리 사정을 모른다. 미국에서 무기를 수입하는 다른 나라에 비해 기술 이전이 현격히 떨어지는 것도 이 때문이다. 누가 '튼튼한 안보 태세'에 반대하겠는가. 문제는 무기를 주문할 능력이 있는가다. 작전권 환수는 그런 능력을 갖추기 위한 것이다.

　전 정권이 국토를 망가뜨리고 쓴 돈이 국가 발전을 '잘못 인식'한 결과라면, 지금 정권이 작전권을 포기하고 쓰려는 돈은 '자기 인식을 포기'한 행위다. 정부는 미국 군수 업체에 우리 스펙을 대신 써 달라고 부탁하는 데 성공했다. 그 비용은 서민들의 호주머니를 뒤집고 뒤집어서 충당할 것이다. 최고 통치자가 최고 세리(稅吏)가 된 예다.

2014. 11. 21.

잠자는 공주의 통치

/\/\/\/\/\

셰익스피어는 말 없는 사람에 대해 다음과 같이 간명한 정의를 내렸는데, 왠지 환상을 깨는 경고처럼 들린다. "그들은 무식하거나 화젯거리가 없어서 단지 '할 말'이 없다." 완전히 동의하지는 않는다. 다른 이유로 말이 없는 사람도 있을 테니까. 하지만 일반적으로 말 없는 남성은 과묵하고, 말 없는 여성은 조신하고 교양 있다고 평가받는 경향이 있다. 우리 문화에서는 말을 잘한다 해도 과묵보다는 호감이 덜한 편이다.

바람직한 문화가 아니다. 토론도 못하고 의사소통 능력이 떨어지는 사람을 양산할 소지가 크다. 특히 정치인이 말이 없다? 이건 매우 곤란하다. 자질과 관련된 문제다. 정치인은 수시로 의견을 피력해야 한다. 등장 초기부터 안철수 의원에게 지속적으로 제기된 문제는 '과묵하다'는 것이다. 정치적 입장 표명이 드물다 보니 정체가 뭐냐는 얘기부터 정치를 모르는 것이 아니냐는 비판이 늘 따라다녔다. 정치는 영향력을 행사하는 것이 아니라 책임을 공유하는 일이다. 소신과 정의감을 담은 발언은 정치인의 존재 이유다.

이명박 전 대통령이 '인격과 지성이 넘치는 민족의 지도자'라서, 박근혜 대통령이 '사회적 약자를 대표하는 여성 운동의 지도자'여서 당선되었다고 생각하는 이는 드물 것이다. 두 경우 모두 여당에 대한 지지와도 무관했다. 나는 후보가 '좋았다'고 생각한다. 대중이 좋아하는 매력과 경쟁력을 갖춘 경우였다. 이 전 대통령은 부자에 대한 욕망, 그리고 그의 씩씩한('뻔뻔한') 캐릭터에 대한 선망, 현직 대통령은 말할 것도 없이 여성의 성 역할을 충실히 수행하는 '아버지의 딸'이었기 때문에 당선되었다.

개인으로서 여성이 아니라 '아버지의 딸'로서 부녀 대통령이 되었지만, 그녀의 통치 전략은 철저히 여성스러움에 근거하고 있다. 그것은 성별에 대한 대중의 고정 관념에 근거한 것이기 때문에, 능력이든 잘못이든 본인 탓만은 아니다. 나는 그녀가 세상 물정을 잘 아는 영리한 지도자라고 생각한다. 다만, 국민과 공동체를 위한 자질이 아니라 자신과 집안의 명예(?)를 위한 것이어서, 현재도 이후에도 계속 문제가 될 것이라고 본다.

핵심은 말에 있다. 전직 대통령은 '딴소리'로, 현직 대통령은 '침묵으로' 국가 최고위직을 수행하는 듯하다. 그들 입장에서는 매우 효과적이다. 여성(대통령)이 많이 없으니 '우아함'이 배가된다. 대통령은 외모, 패션, 외국어 연설 등 중상층 여성의 지체 높은 이미지로 존재하고, '더러운 노동'은 70대 중반(연령 관련 비하

의도는 없다)의 노회한 참모와 국정원이 하고 있다. 새누리당도 비판하는 바다.

내 관심사는 여성과 말의 관계다. 수천 년 동안 가부장제가 유지될 수 있었던 요인은 인간 행동에 대한 차별적 평가에 있다. 폭력, 언어, 성(性)에서 두드러진다. 흔히 이중 잣대라고 하는데, 오랜 세월 동안 이 세 가지는 남성에겐 지나치게 관대해 거의 무한대로 허용된 반면 여성에게는 근접할 수 없는 영역이었다. 가정 폭력 상담을 하다 보면 남성은 열 대를 때려야 폭력 남편으로 인식되는데, 여성의 정당방위는 단 한 대도 폭력으로 간주된다. 성의 이중 윤리는 말할 것도 없다. 남성 지식인과 정치인의 다변은 지성 혹은 자연스러운 권력 행위로 보인다. 그러나 말 많은 여성은 직업을 불문하고 비호감이다.

원래 동화는 순수와 거리가 먼 잔혹하고 무서운 이야기가 많다. 동화를 소재로 한 공포 영화가 많은 것도 이 때문이다. 전통적으로 동화의 역할은 어린이에게 사회의 지배 규범을 전수하는 것이었다. 대부분의 동화에서 여성(공주)은 말이 없다.

어렸을 때 읽은 동화 중에 나를 옥죄는 이야기가 두 개 있다. 하나는 〈잠자는 숲속의 공주〉이고 다른 하나는 제목이 기억나지 않는다. 전자는 피부가 좋아지려고 그랬는지 내내 잠만 자던 공주가 왕자가 키스하자 깨어난다(사람이 된다). 다른 이야기는 어떤 공주가 말만 하면 입에서 오물 덩어리, 징그러운 벌레, 뱀 등이 튀어나와 여성의 말에 대한 혐오를 가르친다. 내 말과 글이

'고상'하지 않으면 어떡하지……. 이 이야기가 어찌나 강력했던지 나는 지금도 언어에 대한 자기 검열에서 자유롭지 못하다. 여성의 언어와 지식을 통제한 성공적인 사례가 아닐 수 없다.

여성의 박식함, 풍부한 언어는 아직까지도 '현숙한 여성'과는 거리가 있다. 특히 욕설은 성차가 심하다. 남성의 욕설은 '자연스럽다' 못해 통쾌한 경우마저 있다. 여성이 욕을 하면 민망하다. 정치는 말의 잔치이고, '현실 정치'는 거친 말의 경연장이다. 성별 고정 관념을 버리지 않는다면 여성은 정치에 어울리지 않는다는 편견에 수긍할 수밖에 없다. 우리의 '세습'은 북한과 달리 엄청난 (선거) 비용이 들었다. 국민의 세금으로 잠자는 공주를 뽑은 것이 아니다. 대통령은 키스해줄 왕자를 기다리는 것이 아니라 두려워하는 것 같다. 박 대통령은 말을 하라.

2013. 11. 20.

잉여 시대

////////

일본 에도(江戶) 시대, 1690년에 직업의 종류는 530종이었다고 한다. 1920년 일본 국세(國勢) 조사에 신고된 직종은 약 19만 종. 그로부터 85년 후인 2005년 글로벌 자본주의 시대에는 얼마나 많은 직업이 생겨났을까? 놀랍게도, 3만 종으로 6분의 1 미만으로 줄어들었다. 일본 국립역사민족박물관이 펴낸《생업으로 본 일본사》에서 이 자료를 읽고 내가 얼마나 진부한 인간인지 깨달았다. "자본주의가 발달하면 사회가 복잡해지고 인간의 생활 양식은 다양해지며……" 이러한 통념에서 자유롭지 못한 것이다.

현실은 반대다. 자본주의가 발달할수록 인간의 삶은 획일화된다. 집에서 만든 옷 한 벌의 독자성이 공장에서 대량 생산한 제품과 비교가 되겠는가. '세계는 하나'는 인터넷과 스마트폰 덕분이다. 사람들은 같은 시간에 같은 내용의 TV를 본다. 심지어 성형 수술로 똑같은 얼굴을 하고 있다. 개성은 소비를 위한 것이다. 이 때문에 사회는 개성은 존중하지만 인권은 억압한다.

힘든 시대다. 30대 명퇴, 청년 실업과 취업난, 소매상 도산, '88만원 세대', 양극화, 교실 붕괴……. 얼마 전 모 대기업의 입사 시험에 9만 명이 응시했다는 기사를 보고 할 말을 잃었다. 그들을 다 어떻게……. 요즘은 어딜 가나 수백 대 일 경쟁은 기본이다.

마르크스는 자본주의를 비판한 사람으로 오해받지만, 사실 그는 자본주의를 철저히 분석하고 이해하고자 한 사상가였다. 그런 그도 말년에는 "우리는 우리 손으로 만들지 않은 세상에 진입했다."라고 말할 정도로, 자본주의의 '자가 발전'에 놀라움을 표시했다. 자본주의는 글자 그대로 '비약(飛躍)'하고 있다. 굉음과 광속을 뿜는 자본주의를 어떻게 연착륙시킬 것인가. 인간의 각성과 폭력적 개입 없이는 불가능하다. 이 상태가 지속된다면, 나는 지구의 종말을 믿는다. 날짜를 못 맞출 뿐이다.

간단히 말해, 현재 자본주의는 혼자 성장해서 인간의 노동력을 무용지물로 만들고 있다. 자본과 인간이 경쟁하고 있다. 불과 100여 년 전에, 1000원의 가치를 생산하기 위해 1000명이 필요했다면 지금은 한 사람이면 충분하다. 똑똑한 한 명이 10만 명을 먹여 살린다. 그렇다면, '나머지' 사람은 무엇을 할 것인가. 내가 사는 동네의 한 은행은 몇 년 전까지만 해도 10명 정도가 근무했다. 지금은 3명이 앉아 있다. 모두 기계화되고 그나마 한 명은 프라이빗 뱅킹 담당이다.

자본주의 초기, 노동자 양성과 훈육을 담당했던 학교와 군대의 기능은 무기력해진 지 오래다. 99퍼센트의 학생들은 자신이 들러리라는 것을 안다. 군사(軍事)는 첨단 무기가 보병을 대체하고 있다. 20:80의 양극화 사회라고 전율하던 시기가 있었다. 이른바 세계화. 지금은 99.9:0.1의 사회다. 0.1퍼센트의 사람들은 공간적으로 분리되어 가시권에서 사라졌다. 투쟁의 대상이 보이지 않자 우리는 힐링이니 자기 계발이니 하며 자신과 싸우고 있다.

원래 잉여(surplus)는 남는 장사, 이익을 의미했다. 그런데 지금은 사람이 잉여가 되었다. 없어도 되는 사람(useless). 전 세계적으로 협동조합, 사회적 기업 같은 대안을 절박하게 찾고 있다. 유독 대한민국 정부만 관심도 개념도 대책도 없다. 노동 운동은 정규직을 외치고 있다. 나는 두 세력 모두에게 좌절한다.

자본의 의지와 무관하게 시스템은 정규직을 필요로 하지 않는다. 정규직 개념부터 바꿔야 한다. '재벌부터 노숙인까지' 전 인구가 하루에 네 시간만 일하며 정규직인 세상이 되어야 한다. 그러지 않으면 24시간 일하는 글로벌 비즈니스맨을 제외한 절대다수는 '100세 시대'에 30대부터 잉여로 살아야 할 판이다. 아니, 이미 그런 시대다. 캥거루에게 미안할 지경이다. '캥거루족'은 그나마 중산층 부모를 둔 잉여들이다.

대부분의 인간이 잉여이거나 잉여 직전인 사회에서, 우리는 잉여의 공포에 떨면서도 먼저 잉여가 된 이들에게 안도감과 경멸을 느낀다. 심지어 오로지 잉여를 제거하기 위해 전쟁을 일으키는 비극도 있다. 남아시아의 몇몇 부족들은 식량 부족과 인구의 불균형을 해소하기 위해 인위적 전쟁으로 인구를 '조절'한다. 이렇게 보면, 저출산은 다행스러운 현상이다. 하지만 인구를 국력으로 생각하는 국가주의, 남성 생식력 숭배 문화, 고령자에 대한 편견이 저출산을 문제로 만들었다.

종말이 오지 않을 수도 있다. 이 사태는 인간이 원해서 인간이 만든 것이므로 변화 역시 인간의 의지로 가능하다. 새 역사 창조는 '세계로 뻗어 나가는 대한민국'이 아니라 '지금, 여기' 있는 이들을 존중하는 것이다. 국민이 잉여가 아닐 때는 선거 때? '댓글 아르바이트'를 보면 그마저도 아닌 것 같다.

2013. 10. 29.

'전쟁 불감증'

지난 한 달 동안 북한과 미국은 한반도 주변을 무대로 삼아 거침없는 전쟁 협박 정치를 했다. 이들의 일거수일투족에 따라 한국 사회는 뉴스의 순서를 달리했다. 김정은 체제의 리더십 연습과 미국의 무기 실험에, 왜 한국 사람들이 전쟁 스트레스를 받아야 하는지 새삼 분노하지 않을 수 없다.

〈뉴욕타임스〉(2013년 4월 6일)는 한국 사회의 전쟁 불감증을 보도했다. 그들 입장에서는 전쟁에 대한 공포와 위기감이 없어 보이는 한국인의 일상이 이상했나 보다. 하지만 전쟁 불감증은 매우 바람직한 현상이다. 이는 전쟁에 대비하지 않는다는 안보 불감증과 다르다. 사실 현대전, 특히 한반도처럼 좁은 지형에서는 전쟁의 공포에 떨 필요가 있는지조차 의문이다. 레이더나 자외선으로 목표물을 감지해서 정확히 타격하는 유도 미사일과 핵이 날아다니는 첨단 무기전은 예측 가능한 전쟁이다. 총알이 사람의 체온을 쫓아오는 시대. 피란을 가도 소용없다는 얘기다. 그러니 식수나 라면 사재기는 전쟁 대비가 아니라 멍청한 혼란일 뿐이다.

전쟁 불감증은 개탄할 일도 아니고 신기한 일도 아니다. 의미 없는 단어다. '불감증(不感症)'은 뭔가 느껴야 한다는 당위를 전제한다. 예를 들어 흔히 인간의 3대 욕구를 식욕, 수면욕, 성욕이라고 하지만 이는 일부 남성의 '소견(小見)'일 뿐이다. 프로이트는 섹스를 인간의 본질적 행위로 파악했기 때문에 "유일한 변태는 섹스하지 않는 것"이라고 했지만, 이는 과학적 사실이 아니다. 수면과 음식물 섭취와 달리 섹스는 생명 유지에 필수적이지 않다(성 불감증, 섹스리스 부부 모두 정상이다).

전쟁 불감증은 문제가 아니지만 불감증 담론은 우리 사회를 성찰하는 계기가 되는 중요한 현상이다. 전쟁 불감증의 원인은 역사적·문화적으로 다양할 것이다. 가장 일반적인 의견은 '양치기 소년'론이 아닐까. 이제 국민들은 어느 정도 남북한 정부의 '정치쇼'에 면역되어 있다. 특히 오랜 세월 동안 남한 기득권 세력의 색깔론, 전쟁 위기론, 간첩 사건 조작을 통한 공포 정치는 전가(傳家)의 보도(寶刀)였다. 서슬이 완전히 사라진 것은 아니지만, 보물 칼도 녹슬기 마련이다.

영화 〈간첩 리철진〉(1999년)에는 남한에서 생활고를 이기지 못한 간첩이 자수하자 경찰이 "네가 간첩이면 나는 김정일이다."라며 비웃는 장면이 나온다. 영화 〈의형제〉(2010년)에서는 국가가 임명한 대남 활동가(간첩)와 탈북자가 남한에서 아르바이트

자리를 놓고 다툼을 벌인다(현재 남한의 경제력은 북한의 33배다).

전쟁보다 생계가 두려운 사람이 이들뿐일까. 전쟁 불감증의 가장 큰 원인은 '먹고사는 게 전쟁'이기 때문이다. 매일매일이 전투, 이전투구(泥田鬪狗)의 삶이다. 전쟁이 없어도 입시, 실업, 질병, 경쟁, 외로움 때문에 많은 사람들이 자살로 목숨을 '빼앗기고' 있다. 구타, 모욕, 불편, 고통이 일상인 여성과 장애인, 아픈 사람, 가난한 사람에겐 '지금, 여기'가 바로 전쟁터다. 사회적 약자의 일상이 아니더라도, 어떤 이에겐 '북핵보다 엔화 약세가 더 심각'하고 '전쟁보다 빚이 더 무섭다'.

여성주의는 지속적으로 전쟁과 평화의 이분법에 도전해 왔다. 기존의 전쟁 개념은 국가 간에 벌어지는 정치다. 교과서는 "온 국민이 하나 되어 외적의 침략에 대비해야 한다."고 가르친다. 하지만 전쟁 전후의 삶이 별반 다르지 않은, 기민(饑民)이 다수 국민이라면 전쟁과 평화의 구분이 무슨 의미가 있겠는가. 이를 테면 노예의 입장에서는 노예 제도가 존속되는 한 외세의 침략이든 혁명이든 주인이 바뀌는 것일 뿐 삶에는 변화가 없다.

쟁점은 전쟁 불감증 여부가 아니다. 불감이든 민감이든 그 자체는 중요하지 않다. 문제의 본질은 위기의식과 경각심을 가져야 할 사안과 '가벼운' 사안이 있다면 그것을 누가 정하는가이다. 국민들이 절실하게 느끼는 현안에 대한 집권 세력의 무감각. 이것이 진짜 전쟁, 즉 내부의 전쟁을 만들어낸다. 무감한 정도가 아니라 국민들의 절박함과 두려움을 부정하고 공권력을 행사할 때 전쟁이 시작된다. 한국은 고위 공직자 비리에 둔감한 정도가 아니라 너그러운 사회다. 표절, 병역 비리, 탈세, 부동산 투기, 위장 전입, 학력 위조 따위가 '종합 세트'가 아니라 한두 건만 해당하면 '청렴한 편'이라는 여론이 나온다.

국가 간 전쟁 연습, 군사적 긴장 고조의 목적은 전쟁이 아니라 내부 통치 전략인 경우가 대부분이다. 이를 모르는 국민은 없다. 전쟁 불감증이 당연한 이유는 두 가지다. 승부도 출구도 없는 공멸의 현대전, 그리고 당장 일상의 삶이 '더' 다급하기 때문이다.

2013. 4. 13.

약자의 착각

\\\\\\\\

한국전쟁 후 소설가 김동리는 〈젊은 美國의 기빨〉이라는 시를 발표했다. "(중략)/이번에 韓國을 도와준 偉大한 恩人들/ 맥아더 릿쥬웨이 트루맨 아이젠하워 等/ 수많은 이름을 내 맘은 기리 잊지 못할 것입니다./ 드러나 당신처럼 내 맘에 고동을 주고/ 내 목에 흐느낌을 일으킨 이는 많지 않을 것입니다/ (중략) /어느 義人이 또한 나의 首都를 당신같이/ 아끼며 사랑하며 지켜주었겠습니까/ 일찌기 韓國의 어느 港口에 들어왔던 外人의 船舶에서도/ 당신의 아드님을 비롯한 많은 部下들이/ 이 고장에 뿌려주신 鮮血에 比하여 더 高貴한/ 빠이블과 十字架를 우리는 그 속에서 본 적이 없었습니다."(원문 그대로 표기)

지면상 더 생략하려 했으나 손댈 곳이 없다. 순수문학의 대가답게 '순수의 결정(結晶)'을 보여준다. 마음이 아프다. 비꼬는 것이 아니다. 구한말 양이(서양 오랑캐)론부터 1980년대 이후 본격화된 반미 운동까지, 다른 사회 현상과 마찬가지로 한국 사회의 대미관은 계속 변화해 왔지만 미국을 구세주로 보는 인식은 사라지지 않았다.

구한말 가장 중요한 외교 문서로 평가받는 황준헌의 《조선책략》은 남하하는 러시아의 위협 때문에 '친(親)중국'·'결(結)일본'·'연(聯)미국'을 조선의 바람직한 대외 정책으로 제시했다. 당시 연미론에 반대한 유생들이 있었는데 그 이유가 흥미롭다. "미국은 5만~6만 리나 떨어져 있어 우리가 급할 때 당장 와주지 못한다."와 "미국과 힘을 합쳐 러시아를 막는다 해도 또 다른 외적(미국)을 불러들이는 결과"라는 것이다.

전자는 과학 기술의 발달로 미사일이 대륙을 오가는 시대이므로, 또 아예 미군이 주둔하고 있으니 '해결'됐다고 치자. 후자는 한·미 수교 130여 년이 지난 지금까지 여전한 논란거리다. 김동리의 격정적 미국 사랑과 달리, 당시 유생들은 국제 정치의 기본인 실용주의적, 현실주의적 사고를 하고 있었다.

이명박 정부 출범 초기 외교 전문가는 물론 일반 여론까지 그의 대미 편중 외교를 걱정하는 이들이 많았다. 구한말 유생의 식견보다 한참 후퇴한 것이다. 'G2'로 부상한 중국의 위상을 고려치 않고 무조건 미국하고만 잘 지내면 된다는 생각과 이를 맹신하는 인사들로 외교 팀이 꾸려졌다. 글로벌 시대에, 한국의 일부 세력은 여전히 미국을 유일한 외부로 인식하고 있는 것이다.

밀실 처리 논란을 일으킨 한·일 군사정보보호협정이 미국의 중국 봉쇄 전략에서 비롯됐다는 사실은 공공연한 '국가 기밀'이다. 한·미·일 동맹은 명목상으로는 북한을 겨냥하고 있지만 실제로는 중국을 견제하고 일본의 군사 대국화 계획에 한국이 '총알받이'로 동원된 형국이다. "한국은 중국을 억제하려는 미·일을 돕지 말라."는 중국 정부의 비난은 우리에 대한 '걱정'에 가까울 지경이다. 한반도와 중국 사이에 군사적 긴장이 고조되면 미국과 일본이 피해를 보겠는가? 청일전쟁이 청나라나 일본이 아닌 이 땅에서 벌어졌듯 우리는 그들의 싸움터가 될 공산이 크다. 한·미·일 삼각 군사 동맹은 심각한 문제다.

무엇이 이토록 미국에 대한 절대적 믿음을 가능케 하는 것일까? 나는 이 현상을 사대주의라고 생각하지 않는다. 실제로도 이들은 용미(用美)를 표방한다. 세계 최강대국 미국과 친해짐으로써, 또 그것을 국제 사회에 보여줌으로써 우리의 위상을 높일 수 있다는 논리다. 심지어 미국이 한국을 보호하는 것은 강대국의 의무라고 생각하는 이들도 적지 않다.

예로부터 동아시아 유교 문화권의 관계 원리인 "작은 것은 큰 것을 섬기고, 큰 것은 작은 것을 예뻐한다."는 사대자소(事大字小) 심리인가? 아니면, 지금은 힘이 없으니까 일단은 미국을 활용하자는 자발적 종속 논리인가? 그렇다면, 이것이 가능하기는 한가? 주지하다시피 미국은 전 세계는 물론 우주까지 상대하느라 바쁘다. 미국에 우리는 그들이 활용당해줄 만큼 중요한 존재가 아니다. 상식적으로, 약자가 강자를 이용하는 경우가 많겠는가, 그 반대가 많겠는가.

만에 하나, 약자가 강자를 이용하는 것이 가능하려면 약자
는 지피지기 상태에서 엄청나게 다양한 전략과 지혜를 구사할
수 있어야 한다. 한·미·일 관계에서 약소국인 데다 북한이라는
'아킬레스건'까지 있는 우리의 유일한 생존 방식은 유연한 사고
를 기반으로 하여 협상의 고수가 되는 것이다. 그러나 수많은 국
제 협상에서 보았듯이 한국 외교 지도자들의 이해하기 힘들 정
도의 무능력과 주눅 든 태도는 세계적으로 유명하다.

우리는 상대는커녕 자신조차 모른다. 우리가 강대국을 이용한
다는 자신감은 부풀려진 자아, 망상적 자기애, 도취에 가까운 자
기중심적 사고에서 가능하다. 간단히 말해, 주제 파악을 못 하
고 있는 것이다. 이러한 자아관은 강자를 이용하려는 약자의 자
세가 아니라 강자에 대한 동일시 욕망, 허세와 착각에서 나온다.
분명한 점은, 강자는 이러한 약자의 자기 분열을 간파하고 있다
는 사실이다.

2012. 7. 7.

이합집산을 권함

WWWW

나경원 전 의원의 남편 김재호 판사의 기소 청탁 문제는 선거에 묻혀 '사회적 미해결' 사건으로 남은 듯하다. "아내를 욕한 네티즌을 혼내 달라"가 남편의 범법 논란 요지인데, 여론은 이를 사법 권력 남용 차원에서 비판했다. 하지만 나는 만일 누리꾼의 불법 행위가 명백했다면, 피해자가 단지 가족이라는 이유로 사법부 종사자가 지나친 비판을 받는 것은 당사자 입장에서는 억울할 수도 있겠다는 생각이 든다.

사건을 접했을 때 처음 든 생각은 '저 부부는 금실이 좋은가 보다'였다. 내가 대한민국 판검사의 권력에 무지해서인지 모르겠지만, 이해 가지 않은 부분은 '전도유망'한 법조인이 자기 경력을 망칠 수도 있는 일을 그렇게 '쉽게' 할까였다. 나라면 불법 여지가 있고 잘못될 경우 평생 쌓아 온 직업 경력이 물거품이 될지도 모를 일에 아무리 배우자를 사랑한다 해도 나서지 않을 것 같다.

부부간의 사랑과 존중을 표현하는 행위는 가정 내에 국한돼야 한다. 이것이 내가 생각하는 상식이다. 가사를 분담한다거나 안마를 해준다거나……. TV에 나와 부부애를 광고하는 프로그램들이 있다. 〈인간 극장〉에 나올 만한 특별한 사연이 아니라면 이는 개인적으로는 민망하고 사회적으로는 결혼 제도 보호 밖에서 차별받는 다양한 형태의 가족에게 정상성을 강조하는 인권 침해다.

이즈음 배우 신성일 씨의 인터뷰를 보게 됐다. 그의 인생은 개인사라 치고, 그가 문제의 핵심을 요약해주었다. "부부는 일심동체가 아니라 독립된, 개별적 인격체다. 사랑은 결혼했다고 해서 보장되는 것이 아니라 평생 노력하고 훈련해야 한다."라는 것이다. 그제서야 나는 깨달았다. 판사 남편의 행동은 사랑의 헌신이라기보다 부부 일심동체 이데올로기에서 나온 가족 구성원의 동반 출세, 가족 이기주의인 것이다. 가족 이기주의란 사회의 기본 단위를 개인이 아니라 가족으로 상정하여, 계층 상승 욕구를 가족애로 둔갑시키는 간교한 장치다. 결혼이 변치 않겠다는 사랑의 약속이라면 결혼을 제도화할 필요가 없다. 또한 제도 밖의 사랑, '외도'도 존재하지 않을 것이다. 사실 우리는 다 알고 있다. 사랑의 의례, 형식, 요구, 확인 절차가 많고 요란할수록 그만큼 사랑이 취약하다는 것을.

드라마 〈해를 품은 달〉에서 왕의 정사는 공적인 정치 행위로 세안, 탈의, 취침 절차 전 과정을 궁정(宮政)이 통제한다. 왕은 사랑하지 않는 여인과 잠자리를 하지 않으려고 몸부림친다. 비록 왕이라 해도 자신의 감정에 반하는 행위에 자기 몸을 타인에게 내주어야 하는 상황이다. "내가 중전을 위해 옷고름 한번 풀지." 남들은 명대사라고 하지만 나는 이 대사가 전혀 낭만적으로 들리지 않았다. 약간 섬뜩하고 비참하기까지 했다. 타인과 공권력, 적대 세력의 정치적 이해를 위해 옷고름을 풀어야 하는 상황, 남성이라고 즐거울까? (그렇게 생각한다면, 이는 남성성에 대한 대단한 오해다.)

폭력에는 여러 개념이 있지만, 내 생각 중 하나는 '감정을 제도화하는 것'이다. 이러한 형식의 폭력들로 사회가 굴러간다. 가족주의, 민족주의, 지역주의, 동창회, 해병대, 향우회……. 이들 조직의 공통점은 한 가지. 선천적이든 개인의 선택이든 한 번의 경험, 소속을 평생 자신의 본질로 정의하고 운명을 좌우한다고 믿게 한다는 점이다.

다만, 이 조직들이 억압적 상황에서는 필요에 따라 정체성의 정치를 한다. 일제 때 민족 운동이나 현대의 여성 운동이 대표적 사례다. 여성으로서 정체성이나 흑인으로서 정체성은 남성이나 백인의 그것과 같을 수 없다는 것이다. '서울 강남 사람' 정체성은 타인에 대한 우월 의식이 되기 쉽지만, 지역 차별을 받고 있는 사람들의 주민 정체성은 민주주의를 위한 투쟁의 근거가 될 수 있다. 다시 말해, 힘 있는 자의 연대는 연줄로 사회악이지만 사회적 약자의 연대는 네트워킹이다. 그러나 사회는 이를 구별하지 않고 약자의 연대도 (이것이 잘되지도 않지만) '연줄', '지역 감정', '계파' 등으로 폄하한다.

그러나 주변과 중심, 약자와 강자, 피해자와 가해자의 경계는 매 순간 그리고 맥락에 따라 변화한다. 약자의 정체성이든 강자의 정체성이든 정체성 자체는 위험한 정치다. 그 위험성과 위력이 극도에 달해 사회악으로 전환되는 때가 선거 시기다. 나는 '연대', '단결' 대신 '이합집산', '통일전선'이라는 말을 선호한다. 통일전선과 이합집산은 반공 사회의 상호 번역어이다. 세뇌와 의식화처럼 실은 같은 말인데, 뉘앙스로 의미를 구분하는 것이다.

우리가 남이가? 그렇다. 인간은 철저히 남이다. 하지만 어려울 땐 서로 도울 수 있고 공동체를 위한 의미 있는 일을 위해서는 수시로 '헤쳐 모여' 할 수 있다. 나는 이것이 정치(력)라고 생각한다. 선거 결과를 '진보', '보수'로 이분하지 말자. 다름과 같음의 경계를 만드는 일에 몰두하기보다 순간의 만남, 사안별 손잡기가 더 의미화되었으면 한다.

2012. 4. 13.

물대포와 자주국방

\\\\\\

　인터넷 밀리터리 사이트에서 가상 전쟁 시나리오는 흔한 이슈다. 한·일 간에 전쟁이 난다면 누가 이길까도 단골 메뉴 중 하나다. 비전문가가 보기엔 강대국인 일본이 이길 것 같지만 전쟁은 물리적 군사력만으로 승부가 나는 것이 아니고 군사력을 평가하는 방법도 다양하기 때문에 이 문제는 생각만큼 쉬운 논쟁이 아니다. 상황에 따라 총보다 칼이 빠를 수 있고, 첨단무기가 결정적 요소 같지만 여전히 무기 개수를 일일이 셈하는 '빈 카운트(bean count)'로 군사력을 평가하는 방법도 있다.

　얼마 전 내가 자주 방문하는 사이트에서 한·일 간 가상 전쟁이 한창이었는데, 모두 무기에 대한 갖가지 지식을 뽐내고 있었다. 나는 무기 문제가 아닌 것 같아서 이렇게 댓글을 달았다. "한·일 간에 전쟁이 나면, 한국과 일본이 싸우는 게 아니잖아요? 주일 미군과 주한 미군이 싸우는 거지." 미국 국방부 홈페이지에 따르면 한국은 일본, 독일과 더불어 미군 기지가 많은 3대

미군 주둔국 중 하나다. 하지만 독일의 경우에는 미군이 북대서양조약기구(NATO)의 대표 자격으로 주둔하는 것이므로 우리와는 사정이 다르다.

자유무역협정(FTA) 관련 시위에서 경찰은 영하의 날씨에 시민들에게 물대포를 쐈았다. 한나라당에서도 '과잉 진압'이라는 비판이 있을 정도였는데, 경찰 관계자의 말이 의미심장했다. "물대포 사용에 날씨 관련 규정이 없다."는 것이다. 내 생각에 발언 당사자와 이 멘트는 '올해의 인물', '올해의 말' 수상감이다. 갑자기 추워진 11월에 쏘는 물대포는 분사력과 상관없이 살상 무기가 될 수도 있다. 진압용 물대포의 무기로서의 효과는 날씨에도 크게 좌우되므로 날씨 관련 규정 운운은 자신감 넘치는 조롱에 가깝다. 나는 물대포 사용보다 이런 경찰의 사고방식이 더 문제라고 생각한다. 그들은 스스로 '민중의 몽둥이'임을 선언하고 경찰에 대한 국민의 의지(依支)와 신뢰를 걸어찼다.

경찰과 군대는 태생적으로 폭력 조직이다. 그러나 이 폭력은 국민이 필요로 하고 국가가 인정한 합법적인 것이다. 국가라는 형태의 공동체에서 경찰과 군인이 존경받아야 하는 이유는, 아무도 하기 싫지만 누군가 해야 하는 '더러운 노동'인 폭력 행위를 국민을 대리해 수행하기 때문이다. 유명한 국제정치학자로 클린턴 행정부 시절 국방차관보를 지낸 조지프 나이의 자전적 소설 제목도 《더러운 손(Dirty Hands)》인데, 이 '더러움'은 정말 더럽다는 의미가 아니라 자신들의 희생 정신에 대한 일종의 자부심이 담긴 말이다. 워낙 드문 일이라 그렇지, 공권력으로서 폭력은 제대로만 행사된다면 존중받아야 한다.

경찰력과 군사력의 구분, 공권력의 역할 분담은 정상적인 국가의 기본 질서로 간주된다. 경찰은 약한 국민을 괴롭히는 힘센 국민으로부터 내부 치안을, 군대는 국민을 위협하는 외국으로부터 안보를 책임진다는 것이다. 문제는 물대포든 최루탄이든 폭력 자체가 아니라 누구의 이익을 보호하기 위한 것이냐는 점이다. 촛불시위, 평택의 대추리, 매향리, 서귀포 강정마을, 물대포…….. 우리나라 경찰은 누구를 보호하고 누구와 전쟁을 하고 있는가. 지금 한국 경찰은 외국을 위해, 자신이 보호해야 할 국민과 싸우고 있다. 그렇다면 정작 외적과 싸워야 할 군인은? 우리나라는 미국이 지켜준다.

일부 국민은 '혈맹', '한·미동맹 강화'를 외치며 더욱더 강력한 미국의 보호를 요구한다. 우리 군인은 미군이 우리나라를 지킬 수 있도록 그들을 '도와준다'. 8·15 해방 이후 이런 상황은 지속되어 왔다. 제3세계에서 군사 쿠데타가 빈발하는 이유는 군대의 역할과 관련이 있다. 경찰은 외국을 위해 싸우고, 나라는 미군이 지키다 보니, 위상을 찾지 못한 군대는 현실 정치에 한눈팔기 쉽다.

사실, 군사력과 경찰력의 구별은 정상 국가의 상식이 아니라 아주 특수한 예로, 현재 지구상에서 오로지 미국만이 가능하다. 미국의 군사력은 미국 외부(전 세계)를 상대하고, 경찰력은 내국의 범죄자들에게 행사된다. 미국이 아닌 대부분 국가의 경찰들은 미국 혹은 강대국의 이익을 보호하기 위해 자국민과 싸운다. 이 때문에 정작 치안은 불안하다. 경찰력은 항상 부족하고 경찰들은 박봉과 과로에 시달린다. 영화 〈살인의 추억〉(2003년)에서 관객들이 가장 안타까워했던 장면은, 모든 경찰력이 시위 진압에 투입되어 눈앞에서 연쇄 살인 용의자를 놓치는 부분이 아니었던가.

경찰과 군인의 역할 분담을 바로잡아서 '서민에게 봉사하는 경찰', '자주국방'을 실현하자는 이야기가 아니다. 이미 많은 나라의 경찰과 군대는 국민을 배신하고 미국의 일부 계층을 위해 일하고 있다. 한국 경찰은 다른 나라의 '경제 영토' 확장을 위해 자국에서 내전을 하고 있는 셈이다. 그나마 총이 아니라 물대포여서 다행인가?

2011. 12. 2.

취향과 인권 사이

〰〰〰

    내가 자주 들르는 여성주의 관련 정보를 교환하는 인터넷 카페가 있다. 모임의 성격상 구성원 거의가 여성이다. 온라인과 오프라인을 막론하고 내 주변에는 고양이와 반려하는 독신 여성이 많은데 이 카페도 그렇다. 얼마 전 카페의 메인 페이지에 고양이 사진이 등장했는데, 며칠 후 익명 게시판에 '저기요……'라는 제목의 글이 올라왔다.

    "이 카페에는 고양이 애호인이 많은 거 같은데요. 저는 개인적으로 동물, 특히 고양이가 무섭습니다. 첫 화면에 고양이가 나오니 위축되네요. 죄송하지만 다른 화면으로 바꿔주셨으면 합니다." 운영자와 성원들의 답글이 이어졌다. "의견 표명해주셔서 고맙습니다. 바로 교체하겠습니다." "익명 게시판에 글을 쓰신 것이 조금 걸리네요, 우리 카페가 이런 문제 제기를 하기 어려운 분위기인가요? 그렇다면 반성해야 한다고 생각합니다." "저는 고양이를 좋아하지만 그렇지 않은 분들이 고양이 사진 때문에 카페 접근권이 제한된다면 당연히 바꿔야 한다고 생각합니다." 등의 의견이었다.

나는 이들의 대화가 자연스럽다고 생각했고 별 의미를 두지 않았다. 그러나 이는 내 생각만큼 당연하거나 간단한 문제가 아니었다. 이 일이 떠오른 이유도 그 반대 상황을 겪고 난 후다. 며칠 전 '진짜' 카페에 커피 원두를 사러 갔는데 가게에 고양이 달력이 있었다. 원두를 분쇄하는 동안 12장의 예쁜 고양이 사진들과 달마다 적힌 고양이 애호가들의 글귀를 읽고 있었다. 그러다가 이 글귀를 발견했다.

"고양이를 싫어하는 사람은 다음 생에 쥐로 태어날 것이다."

순간적으로 나도 모르게 달력에서 한 발짝 떨어졌다. 어렸을 때 에드거 앨런 포의 《검은 고양이》를 읽고 벽, 고양이, 시체…… 이런 이미지가 어렴풋이 남아 있긴 하지만 나는 고양이 애호에 대해 중립적이었다. 최근에는 친한 친구들이 고양이의 매력과 '반려 효과'에 대해 거의 세뇌하다시피 열정을 품고 이야기해주어서 길냥이(거리에 유기된 고양이) 입양 고민까지 하고 있던 차였다. 그러나 이 글귀를 본 순간 반감이 확 들었다. 조금 과장하면 섬뜩하기까지 했다. 자기가 고양이를 좋아하면 그만이지 고양이를 싫어하는 사람을 적대시, 아니 고양이 먹이로 간주하는 이 저주에 가까운 사고방식은 무엇인가? 다른 사람이 고양이 사랑을 방해하는 것도 아닌데 왜 이런 생각을 하는 것일까?

이 일은 다른 사건을 연상시켰다. 이른바 '나꼼수 비키니' 사건에서 '나꼼수' 측이 사과하지 않음으로써, 그들의 행동 관행은 결국 19대 총선에서 태풍급 이슈로 발전했다. '막말' 파동이 그것이다. 나는 '나꼼수'의 막말이 일반적인 분석대로 '야당 15석을 날렸다'고 생각하지 않는다. 우리 사회에는 그들보다 표현상, 인식론상으로 더 심한 말을 하는 사람이 훨씬 많으며, 책임이 있다면 야권의 대응 능력이지 '패배'를 '나꼼수' 측에 물을 일은 아니라고 생각한다. 그러나 '나꼼수' 측이 평소에 이런 문제에 조금이라도 감수성이 있었다면, 그렇게까지 턱없이 보수 여론의 볼모로 '희생'당하지는 않았을 것이라는 점은 분명하다.

비키니 사건 당시 여성들의 문제 제기는 여성 자신을 위한 것이기도 하지만 '나꼼수'와 우리 사회를 위한 '큰 정치'였다. 비판의 기본 취지는 타인을 위한 조언이다. 그러나 '나꼼수' 측은 언제나처럼 "사소한 일로 (정권 교체 같은) 큰일 하는 사람의 발목을 잡는다."라며 여성들의 목소리를 무시했다. 결과는? '큰일'을 한다는 사람들이 큰일을 망친 것은 아닐까.

온라인 여론이 사회를 움직이는 뉴스의 최전선이 된 지 오래다. '논객', '기자', '저자'라는 직업은 민주화, 대중화되었다. 이중에 가장 활발한 — 나는 대부분 논쟁이라고 생각하지 않지만 — '논쟁' 중 하나는 사이버 공간에서 벌어지는 성별(gender) 관련 이슈다.

군 가산제처럼 특정 주제에 관한 논쟁도 참가자들의 논의 방식이 폭력으로 돌변하는 바람에 '논쟁'이라고 하기에 회의적이지만, 그보다 더 흔하고 더 문제적인 사건은 느닷없는 여성 몸의 전시다. 소위 '진보'-'보수'로 나뉘어 정치적, 사회적 이슈를 다루는 논쟁 게시판에 갑자기 여성의 벗은 몸 사진이나 동영상을 올리는 것이다. 이는 고양이 사진 게재와 다르다. 취향으로 옹호되거나 양해되고 묵인될 수 있는 문제가 아니라 사과와 교정, 때로는 법적 처벌이 필요한 인권 침해다.

온라인에서 여성의 몸 재현물 게시. 이 이슈를 논하기 전에 두 가지 전제를 더 고려해야 한다. 고양이든 개든 술이든 담배든 어떤 대상을 좋아하거나 섭취하는 문제가, 기호냐 타인의 권리 침해냐의 기준은 매우 모호하다. 문화 상대주의는 우월한 위치에 있는 서구 사회가 자신의 아량과 관용을 치장한 말이고, 실제로는 문화 제국주의인 경우가 많다. 비서구 사회의 문화와 전통을 자기 기준으로 야만시하는 것이다(그 유명한 '보신탕' 논쟁).

취향과 정치적 올바름의 경계는 모호한 것이 정상이다. 한국 사회의 돼지고기와 이슬람교도의 그것은 의미가 다르다. 이를 고려하지 않으면 음식 문화가 전쟁으로 발전할 수도 있다. 이 판단은 정해진 사전적 개념에 따르는 것이 아니라 사회적 맥락에 의존하기 때문이다. '식용 돼지' 자체가 취향과 올바름의 차이를 결정해주지 않는다는 것이다. 개의 경우 한국 사회에서는 '아직도' 식용과 애완의 경계가 모호하고(키우다 잡아먹음) 이에

대한 사회적 인식도 서구와 다르다. 또 식용 개라도 도축 과정에
따라 다를 수 있다. 초콜릿이나 커피 같은 식물성 음식을 좋아
한다고 면죄부를 받는 것도 아니다. 주지하다시피 이는 다국적
기업의 어린이 노동 착취와 유통 라인을 장악한 횡포가 결합한
결과물이다. '우리의 기호'는 '그들의 고통'과 연결되어 있다.

또 한 가지 논제는 인간의 몸을 소비하거나 '눈요기'로 쓰는
것을 담배, 초콜릿, 술에 대한 기호와 같은 수준으로 다루는 상
황 자체가 여성 모욕적이라는 것이다. 담배를 좋아한다, 싫어한
다는 취향일 수 있지만 "나는 담배를 좋아하듯이 여성의 벗은
몸을 좋아한다."는 개인의 취향이 아니라 정치적 편견, 사회적
투쟁의 대상이다. 여성은 술, 담배와 동격이 아니다.

몇 년 전 게시판 논쟁에 휘말린 적이 있다. 매우 많은 사람들,
그리고 이름난 '논객'들이 자주 참여하는 진보 진영의 대표 사이
트로 알려진 곳이다. FTA 관련한 논의 도중으로 기억하는데, 갑
자기 유명 여배우의 사진이 올라왔다. 하의는 핫팬츠, 상의는 탱
크 탑을 입은 비키니 전 단계(?)의 전신 사진이었다. 논쟁 중이
던 여성들은 불쾌감을 표시하며 올린 이의 사과와 삭제를 요구
했으나 거절당하자 운영진에 다시 건의했다. 나는 당연히 받아
들여질 줄 알았다. 그러나 운영진과 당사자는 사과는커녕 항의
하는 여성들에게 "표현의 자유를 억압하는 파시스트"라고 공격
했다. 그들의 조롱투 언어가 아직도 생생하다. 일부는 그 사진이

"논쟁에 지친 사람들을 위로하는 공익적 가치가 있다."고까지 주장했다.

이후 나는 그 게시판에 들어가지 않았는데, 그들의 여성 의식에 실망해서가 아니라 사람들의 '수준'에 놀라서였다. 인터넷 진흙탕을 경험해본 사람은 알겠지만 '틀린' 논리라도 일관된 입장이 있으면 논의가 가능한데, 논리도 없고 폭력적이고 저급한 말투, 여성의 입장에서는 상식에 불과한 특정 지식에 대한 놀랄 만한 무지, 상대방에 대한 비하와 비웃음……. 백번 양보해서 여성의 벗은 사진이 인권 문제가 아니라 취향의 문제라고 해도, 이에 대응하는 그들의 태도 자체가 반인권적이었다. '사회화가 덜 되었다'는 생각이 들 정도였다. 아니, 무서웠다.

"나는 그런 사진이 좋은데 너는 왜 내 권리를 침해하느냐." "내가 좋아하는 것을 싫어하는 네가 틀렸다." "너를 모욕하는 것이 나의 취향이다." "내가 싫으면 네가 나가라."…… 나는 정치 의식 이전에 피로와 절망감을 느꼈다. 내가 당연한 상식으로 생각하는 가치가 일부 남성들에게는 '아주 사소한 일'임을 알게 되었고, '(미인에 대한) 열등감, 미친X' 이런 류의 이야기를 '지식인', '진보 인사'로부터 반복적으로 들으니까, 그들이 아니라 내가 지구 밖에서 살아온 사람처럼 느껴졌다. 솔직히 말하면, 나는 세상이 그런 줄 몰랐다. 굉장히 당황했다. 나중에 이 이야기를 친구들에게 호소했다가 더 큰 좌절을 경험했다. 위로는 고사하고 모두들 웃는 것이었다. 나만 빼고 이미 알고 있었다. 한 친구는 깔깔거리다가 정색을 하고 말했다. "왜 그런 데 들어가서 말을 섞니?"

인권 문제가 되는 사회적 제도들—인종, 성별, 민족, 계급, 건강, 약자와 장애인에 대한 차별, 외모주의, 연령주의, 이성애 제도 등—은 인간의 몸에 대한 위계적인 해석들이다(이 글의 요지는 아니지만, 계급 역시 몸의 문제임을 강조하고 싶다). 몸 때문에 차별받는 사람들에게 몸은 중립 지대가 아니다. 몸은 첨예한 정치적 영역이다. 이들의 몸에 대한 코멘트는 최소한 예민한 문제, 흔히 말하는 '분위기 깨는' 발언이 되거나 인권 침해 행위가 되기 쉽다(우리 사회에서는 가해자가 아니라 항의하는 당사자를 분위기 깨는, 예민한 사람으로 취급하지만). 물론, 여성, 장애인, 노인의 사진이 달력에 걸렸다고 해서 무조건 인권 침해가 되는 것은 아니다. 그러나 여성을 제외하고는, 벗고 나오지 않는다.

가부장제 사회에서 여성은 남성의 몸을 기준으로 분류된 타자다. 남성의 몸과 다르다는 것이 여성 억압의 근거가 되는 성차별 사회에서, 여성의 존재성은 몸으로 환원된다. 남성 몸과의 차이가 여성의 존재 '의의'가 되기 때문이다. 가부장제 사회에서 몸의 경험을 근거로 형성되는 여성의 정체성은 남성 중심 사회가 '부여'한 것이지만, 남성은 행위하는 주체로서 자신의 정체성을 '획득'한다. 그러므로 남성은 몸으로 환원되지 않으며 그들의 정체성은 몸의 기능과 상태(나이나 외모)가 아니라 그가 무슨 일을 하는지에 의해 형성된다.

몸이나 성(sexuality)이 여성에게 억압적인 것이라는 의미가 아니다. 여성의 몸은 찬양의 대상이자 동시에 수치스러운 자원으로 간주된다. 문제는 성이 남성에게는 인생을 좌우하는 문제가 되지 않는데, 여성에게는 절대적인 영향력을 끼친다는 것이다. 몸(성)은 남성에게 별 의미가 없는데, 여성에게 몸은 자원이자 억압으로 인생의 주요 모순이 된다. 자원이 되는 경우가 있다고 해서 억압이 아닌 것이 아니다. 왜 몸의 의미가 여성에게만 그토록 중요하게 작동하느냐가 근본 문제다.

나를 포함하여 대개 사람들은 자신의 일상적 행위가 모두 개인적 취향에 따른 선택이라고 믿고 싶어 한다. 삶에서 취향의 영역은 생각보다 좁다. 모든 행위가 구조적 문제와 연결되어 있고, 이를 계속 문제 제기 하는 집단이 있다면 삶은 불편하고 피로해지기 시작할 것이다.

하지만 우리의 바람과 달리 취향과 올바름은 명확하게 구별되지 않는다. 정치 구조적 문제를 취향으로 포장할 자원이 있는 사람이 있을 뿐이다. 이들조차 언제나 소수자가 될 수 있고 타인의 취향이 자신에게 인권 침해로 돌아올 수 있다. 기호와 윤리의 기준이 모호한 가장 큰 이유는 인간이 사회적 존재이기 때문이다. 사회는 성원들에게 서로 다른 위치성(position)을 부여한다. 그 위치가 고정된 것은 아니지만 입장과 이해가 다를 수밖에 없다. 여성은 대머리나 키 작은 남성에 대한 비호감을 취향이라고 주장할지 몰라도, 남성은 그렇게 생각하지 않을 것이다.

남성(문화)에게 인권 의식을 호소하는 것이 아니다. 최소한 모욕당한 타인의 의사를 존중하라는 것이다. 취향이라고 주장하기 전에 5분은 생각해야 한다. 특히, 여성의 몸에 대해서. 여성의 몸은 남성 중심 사회가 주장하는 취향의 가장 약한 고리다. 그만큼 '계몽'이 멀었다는 이야기다. 이로 인해 손해, 망신, 경우에 따라 사법 처리 대상이 되는 집단은 여성이 아니라 남성임을 알아야 한다.

2012. 여름

2장

말에 대하여

강자의 혐오, 약자의 분노

////////

여성 혐오는 인류 문명과 함께 시작되었지만 이 단어는 최근에야 한국 사회에 알려졌다. 여성 혐오로 인한 살인은 놀라운 뉴스도, 새로운 현상도 아니다. 마치 조선 시대에도 성폭력은 있었지만 '성폭력'이라는 단어는 없었던 것과 같다. 이 말은 영어 '미소지니(misogyny)'의 번역어다. 부정적 의미의 접두사 'mis-'와 여성을 뜻하는 'gyn'의 합성어다. 여성 외에도 외국인, 동성애자, 나이든 이들, 공산주의자가 혐오의 주요 대상이 되어 왔다. 외국인에 대한 제노포비아, 동성애자에 대한 호모포비아가 그것이다.

번역의 과정은 정치적이다. 그 결과 또한 정치적이다. '미소지니'가 꼭 '여성 혐오'로 번역되어야 했을까. 일본의 대표적인 여성학자 우에노 지즈코의 책 《여성을 싫어하는 일본의 미소지니(女ぎらいニッポンのミソジニ-)》가 '여성 혐오를 혐오한다'라는 제목으로 번역되어 출간된 것은 유감이다. 일본에서는 영어 그대

로 '미소지니'라고 쓴다. 인터넷, 버스, 치즈처럼 우리에게 없던 물건이어서 그대로 사용해도 오해가 없는 말과는 달리, 여성 혐오처럼 논쟁적인 단어가 직역된 것은 문제다.

모든 번역은 의역일 수밖에 없다. 여기서 의역은 '직역 대 의역'이란 의미의 의역이 아니다. 사실 직역은 가능하지 않다. 어떤 사회에는 있는 사물이나 현상, 그것을 표현하는 단어가 다른 사회에는 없을 수 있다. 이때 직역을 하면 없는 것을 만들어내거나 다른 문제로 대체된다. 식혜와 요구르트의 원리는 비슷할지 모르지만 둘이 같지는 않다. 두 사회 간의 문화적 차이를 고려한 번역이어야 한다는 것이다.

번역은 문화의 이동이자 새로운 문화의 탄생, 끊임없는 이접(移接)의 과정이다. 그것을 같게 하려는 순간 식민주의적 동화가 일어난다. 같음의 기준이 그 말의 원산지(대개 서구)이기 때문이다. 그래서 '빤스(pants)'는 원래 뜻인 바지가 아니라 속옷을 의미한다. 난닝구, 쓰레빠 모두 우리말이다.

여성 혐오는 분명한 현상이고 정확한 말이다. 문제는 미소지니가 여성 혐오로 번역되면서 본뜻이 왜곡되는 한국의 남성 중심 문화다. 여성들은 난관에 부딪쳤다. 일단, 사소한 문제로는 혐오(嫌惡)라는 단어의 어감이 너무 강력해서('악'이라고도 읽지 않는가) 남성들로 하여금 '혐오'에 맞서 방어해야 한다는 적반하장의 태도를 갖게 했다.

다음은 여성 혐오에 대한 일부 남성들의 전형적인 반론이다.

"아니, 제가 얼마나 ('예쁜') 여자를 좋아하는데요, 여자 싫어하는 남자 있나요? 그런데 혐오라니요!", "우리나라처럼 여성의 지위가 높은 나라가 없어요. 우리 엄마는 독재자예요. 아버지, 저희들 모두 꼼짝 못 해요. 여성이 차별받는다는 얘기도 기가 막힌데, 여성을 혐오한다고요?", "솔직히 한국 남자처럼 불쌍한 사람도 없습니다. 우리나라는 남자를 혐오하는 사회예요. 남자가 한 마디 하면 여자는 열 마디 합니다." 이 이야기들을 차례대로 해석하면 남성들은 이성애 제도, 가정에서 여성의 성 역할 노동, 사회적 약자의 목소리를 '여성 상위'로 착각하고 있다.

특히 '여성 혐오'의 가장 큰 문제점은 남성 혐오라는 대칭적 용어의 발단이 되었다는 것이다. '여혐 대 남혐'이라는 이분법이 그것이다. 이분법은 A와 not A라는 타자화의 문법으로, 평등으로 여겨지기 쉬운 속임수다. 미소지니라면 다르지 않았을까. 미소지니는 대립 구도를 만들어내기 힘든 단어다. 그대로 수용될 수 있다. 남성 위주 사회는 너무 오래된 역사라서 여성에 대한 비하와 차별은 남녀 모두에게 자연스럽게 느껴진다. 이를 자각하고 여성이 자신의 이중 노동, 여성에 대한 폭력을 개선하고자 하는 노력이 혐오인가?

혐오는 기본적으로 약자에 대한 강자의 감정이다. 이에 반해 약자는, 강자를 선망하고 동일시하고 시기하고 강자에게 분노하는 감정이 크다(가해자의 분노와 피해 의식이라는 현상도 있긴 하다). 분노와 혐오는 반대말에 가깝다. 영어권에서 남근 선망

(penis envy)에 '대응'하는 '페니스 헤이트 페미니즘'이라는 말이 있으나 남성 혐오와는 다르다. 혐오는 특정 대상을 싫어하는데, 그 이유가 자기 자신에게 있다. 자기 문제의 반영이자 합리화다. 혐오는 자신과 타인의 인간성을 훼손한다. 악플이 대표적이다. 이에 반해 분노는 자신을 억압하는 대상에 대한 정당한 판단이며 스스로를 격려하고 존중하는 힘이다. 이처럼 혐오와 분노는 이유, 양상, 효과가 전혀 다른 인간 행동이다.

다른 사회 운동에 대입해봐도 '남혐'은 어불성설이다. 구의역 사건에 대한 시민들의 애도가 서울시(민)에 대한 혐오인가? 장애인의 이동권 투쟁이 비장애인에 대한 혐오인가? 동성애자들의 인권 운동이 이성애자에 대한 혐오인가?

말할 것도 없이 여성과 남성의 관계는 동등하지 않다. 인간의 개념이 정립되는 과정에서 여성은 최초의 타자였다. 인류 역사상 여성과 남성은 단 한 번도 같은 위치에 있었던 적이 없다. 양성(兩性), 부부(夫婦), 음양(陰陽) 같은 용어와 이성애 제도가 남녀를 대칭적인 존재처럼 보이게 만들었을 뿐이다. 나는 여성 혐오를 혐오하지 않는다. 나는 미소지니를 우려하고 미소지니에 저항하고 분노한다. '강남역의 그녀'가 맞이했던 고통의 순간이 죽음의 공포처럼 무서울 뿐이다.

2016. 6. 13.

'어른' 없는 시대?

요즘 누가 이 질서를 따를까마는, 장유유서(長幼有序)는 오랜 세월 사회를 유지해 온 원리였다. 그런데 장유유서가 나이 순이 아니라 덕(德)의 순서라는 해석도 있다. 그럴듯하고, 그랬으면 좋겠다. 문제는 나이는 숫자 순이므로 결정이 간단하지만, 덕은 그렇지 않다는 점이다. 누가 더 덕이 많은지 계량하기는 불가능하다. 덕의 순서는 기준이 모호하거나 다양하므로 '진짜 어른'이 누구인가를 둘러싸고 분란이 생길 수도 있다. 나이 순으로 인한 질서조차 계급 순으로 급속히 전환되는 시대다. 내 경우 글쓰기와 강의가 생계 수단인데 성격은 소심하고 나이만 먹으니 혹시 '꼰대' 소리를 들을까 싶어 매사에 조심스럽다. 어른보다 젊은이 대하기가 더 어렵다. 옆에서 친구가 걱정하지 말란다. 나 같은 아줌마 말은 꼰대 축에도 안 드는, 그냥 잔소리 혹은 패스(무시)란다.

최근 몇 분의 '시대의 어른'이 돌아가시자 나 역시 허전하고 절망적인 생각까지 들었다. '전 재산이 29만원'이라는 분은 건강하게 살아 있는데……. 어떤 이들은 '어른 없는 시대'를 개탄하면서 '어른'이라고 할 만한 사람이 있냐고 묻기도 한다. 내게도 스승이 있지만 '어른 없는 시대'를 걱정하는 시각에는 동의하지 않는다. 우리는 모두 어른인데 왜 '어른'이 필요할까. 흔히 생각하는 '어른'은 대개 남성 지식인이다. 구체적으로 학력과 직업, 계층, 지역까지 말한다면 '어른'이란 차별의 산물이 아닐까 싶을 정도로 민망해진다. 아직도 남성의 활동은 실천이고 여성의 노동은 '나댐'으로 인식되는 시대다. 한마디로 '어른'은 학식 있는 점잖은 중산층 가부장이다. 가난한 여성이나 장애인은 '어른'이 되기 힘들다. 다른 사회 구성원과 동등하지 못한 이들은 평범한 어른으로 대우받는 것조차 투쟁이 필요하다.

'어른'의 존재를 당연시하는 심리는 가부장제 사회에 대한 향수 때문이다. 전(前)근대적인 사고다. 서구 사회에도 '어른'이 있긴 하지만 사회적 아버지 같은 존재는 아니다. 그들은 개인에 가깝다. 그래서 대통령이 연애를 하든, 재혼을 하든 관심이 덜하다. 반면 우리는 여전히 좋은 가부장을 원한다. 삶이 불안해서일까. 한국인들은 '어른을 뵈면서' 존경심과 더불어 안정감을 느끼고 의존하는 데 익숙한 듯하다.

한편, '어른'은 저절로 생겨야 한다. '어른' 없는 사회가 문제라기보다는 '어른'이 필요하다는 심리와 누군가가 어른이 되는 메커니즘이 더 문제다. 이유는 여러 가지다. 첫째는 앞서 말한

'어른'의 조건이 차별적이기 때문이다. 두 번째, 어쨌거나 어른은 위계 문화의 일부다. 훌륭한 분이 어른으로 간주된다면 '좋은 위계'이고 필요하기도 하다. 그러나 실제로 이 좋은 위계, 즉 권위가 제 역할을 하는 경우는 드문 것 같다. 우리는 '어른'이 갈등의 중재를 맡아주거나 혹은 커뮤니티 내 '악당'을 혼내주기를 바란다. 하지만 '더러운' 일에 기꺼이 나서는 '어른'은 드물다. 나서는 '어른'은 권위가 훼손된다. 어쩌면 '행동하는 어른'은 원래 의미의 어른이 아닐지도 모른다. '어른'은 중립적이어야 하기 때문이다. 우리는 각자 편의에 따라 '어른'에게 이중 메시지를 보낸다. 역할을 해주었으면 혹은 그냥 고상히 계셨으면. 세 번째, '어른' 문화에 반대하는 이유는 특히 최근의 현상 때문인데, 젊었을 적부터 '어른'이 되기 위한 야심(?)을 품고 정치를 하는 이들이 생겼기 때문이다. '어른'은 인생의 결과이지 목표가 아니다. 그런데 그들은 패거리('인간관계')를 관리하고 의미 없는 그룹과 경쟁자를 만든다. 예전 '어른'은 그런 분들이 아니었다. 지금은 유명인, 멘토 문화, 매체 환경의 변화가 결합하면서 이런 현상이 두드러졌다. 네 번째, 진짜 '어른'은 어른이기 전에 성숙한 개인이어야 한다. 가끔 '어른'으로 알려진 사람 중에 한량 문화라는 명목으로 성추행을 하는 이, 금전 문제가 복잡한 이, 가족 특히 배우자를 착취하는 이, 명성에 집착하는 이들에 대한 뒷담화를 듣는다. 물론 극소수일 것이다.

내가 아는 60대 남자 어른 두 명이 있다. 한 사람은 가정 폭력

집안에서 자라나 아버지의 폭력으로 어머니를 잃었다. 그 뒤로 그는 집을 나와 평생 낮은 자리('넝마주이')에서 일하면서 자신도 아버지처럼 될까 봐 결혼하지 않고, 동료들을 돌보고 번 돈을 모두 여성 단체에 기부한다. 또 한 사람은 젊은 시절 일본 도쿄의 전공투 폭력 경험을 평생 반성하면서, 현재 오키나와에서 평화 운동을 한다. 정착하지 않고 허드렛일만 찾아가며 유랑한다. '진정한 어른'의 사례를 든 것이 아니다. 나는 이들이 그저 노력하는 인간이라고 생각한다. '어른 바라기'보다 자기 인생에 성실한 이들의 연대가 꾸려졌으면 한다.

2016. 2. 18.

유체 이탈, 정치 이탈

\\\\\\\

《인생 수업》의 저자로 유명한 엘리자베스 퀴블러 로스는 오랜 호스피스 활동을 통해 죽음에 관한 많은 연구를 남겼다. 그녀는 죽음 직전의 환자들이 보여준 근사(近死) 체험, 육체의 이탈 현상을 보고했다. 영어 표현도 상황 그대로다. 영혼이 육체를 벗어난 상태(Out of Body Experience), 줄여서 'OBE'라고 한다. 많은 이들이 수술 중에 육체 이탈을 경험하며 의식 불명 상태에서도 타인의 말을 알아듣는다고 한다.

박근혜 대통령의 '유체 이탈(遺體離脫) 화법'의 유체는, 부모가 물려준 자기 몸을 뜻한다. 유체 이탈, 육체 이탈, 정신의 체외 이탈. 같은 말이다. "정신을 어디에 두고 다니냐." 일상에서 많이 쓰고 듣는 말이자 실재하는 현상이다. 주로 극도의 스트레스나 공포에 시달리는 사람, 임종을 앞둔 이들의 임사(臨死) 체험을 말한다. 최근에는 심폐 소생술의 발달로 사후 세계를 경험한 이들의 사례가 증가했다고 한다.

육체 이탈에 대한 가장 철학적이며 윤리적인 질문은 프랑스·
캐나다 합작 영화 〈마터스(Martys)〉(2008년)일 것이다. 돈 많은
이들이 죽음의 공포와 궁금증을 해결하고 싶어 한다. 그래서 타
인을 죽기 직전까지 고문하고 '사후 세계가 어땠냐'고 묻는(것처
럼 보인)다. 자신은 참여하지 않는 죽음의 대리 경험. 돈으로 타
인의 고통을 사는 것이다. 나는 이 영화만큼 자본주의의 인간성
종말을 잘 그린 텍스트를 아직 만나지 못했다.

육체 이탈의 당사자는 죽음의 문턱을 넘나드는 극심한 고통
을 체험한다. 반대로, 박근혜 대통령의 이른바 '유체 이탈 화법'
에서 고통은 그의 몫이 아니다. 이때 그는 대화 중 혼자 맘대로
자리를 떠나 돌아다니다 다른 사람이 되어 나타난다. 자기 책임
을 남 일처럼 말하고 비판하고 문책한다. '나는 아니니까 당신들
잘못'이라는 논리다. 국민에게 자기 문제를 대리 체험하게 하는
것이다.

차라리 먹살잡이가 낫다. 이런 대화법처럼 사람을 열 받게 하
는 일도 없다. 박 대통령이 대중화(?)시키긴 했으나 그가 처음
은 아니다. 《삼성을 생각한다》의 김용철 변호사 사건 때 이건희
씨는 "사람들이 거짓말을 너무 쉽게 한다."라고 호소했다. 후안
(厚顏) 캐릭터의 전형인 이명박 전 대통령도 자주 사용했다. 사회
지도자나 국정 책임자의 이런 발화 방식은 국민 정신 건강에 치
명적이다.

앞서 강조한 대로 '유체 이탈'과 '유체 이탈 화법'은 반대 현상

이다. 전자는 본인이 고통받지만, 후자는 타인에게 고통을 준다.

유체 이탈 화법을 구사하는 이들과 공동 생활을 하는 데는 한계가 있다. 이 상황이 계속되면 '나쁜' 사람에 의해 보통 사람이 병에 걸리게 된다. 이 화법은 상대방이 없다. 상호 격투나 논쟁이 아니어서 처음부터 이곳저곳을 옮겨 다니는 두 개 이상의 인격을 지닌 '가해자'는 전혀 손상이 없다. 유체 이탈 화법은 유체(幽體) 이탈이다. 유령 인격, 복수(複數)의 인격이 외출하는 것이다.

특히 대통령의 '이탈'은 외교의 형식을 띤다. 나라에 심각한 문제가 생길 때마다 외국에 나간다, 몸살을 앓는다, 선거 전날 '연약한 여인'의 모습으로 나타난다, 뜬금없는 담화를 발표한다. 사람들은 어이없음, 정치 불신, 정신 붕괴에 빠진다. 국민들은 스트레스를 받고 정치를 포기하게 된다. 대통령이 바라는 것은 무엇일까. 아니, 그마저도 생각이 없는 것일까. 인간관계에서 불성실과 딴청처럼 효과적인 억압은 없다. 상대가 스스로 미치기 때문이다.

박 대통령의 몸은 유체 이탈 화법을 사용하기에 최적화된 듯 보인다. 살아 있는 사회적 몸(mindful body)이 아니다. 간혹 얼굴이 굳을 때도 있지만 대개 그의 몸은 식사도 하지 않고 머리모양 때문에 잠도 자지 않을 것처럼 보인다. 마네킹? 사이보그? 더미(dummy, 인체 모형)라는 이들도 있다. 대화를 회피하고 거부하는 것을 넘어 몸이 없다는 느낌을 준다.

외국의 여성 지도자들을 떠올려보면 쉽게 비교가 된다. 마거

릿 대처, 힐러리 클린턴, 앙겔라 메르켈, 콘돌리자 라이스, 심지어 이멜다와도 다르다. 이들은 정치적 성향을 떠나 공적인 자아로서 강단과 감수성, 자기 주장이 있다. 대중과 혼연(渾然)된, 자연스럽게 사회화된 몸이다.

유체 이탈 화법은 소통 무능처럼 보이지만 실제의 인식론적 기반은 사람이 보이지 않는, 안하무인이다. 유체 이탈의 다음 단계는 유령. 정찬의 장편 소설 《길, 저쪽》은 유신 시대의 고문, 특히 여성에 대한 집단 폭력을 다룬다. 대중이 독재에 '동의한' 무서운 시대였다. 내가 유신 시절을 제대로 겪지 않아서일까. 나는 '아버지'의 정치보다 '딸'의 정치 이탈이 더 공포스럽다.

2015. 5. 15.

'누구의' 표현의 자유인가?

WWWW

상투적인 비유지만 "내가 하면 로맨스, 남이 하면 불륜"은 맞는 말이다. 이 표현은 이중 잣대나 위선을 지적하는 말로 사용되지만 언어의 본질을 정확히 대변한다. 이중적? 말하는 사람이 상대방에게 권력을 행사해서 그렇지, 모든 말에는 이중, 삼중, 다중적인 의미가 있다. 말의 뜻과 의사소통의 내용은 사전(text)이 아니라 상황(con/text)에 의해서 정해지기 때문이다. 언어는 사전의 약속이 아니라 사회적 약속이다. 사전은 사회를 반영한다. 많이 쓰면 등재된다.

단어의 의미는 고정되어 있지 않다. 어떤 상황에서 누가 말하는가에 따라 뜻이 달라진다. 공론장이 필요한 이유다. 말하는 당신은 누구인가요? 당신의 의견은 어떤 입장에서 출발했나요? 그 입장은 어디에 근거한 것인가요? 의미는 사회적 논의 과정, 화자(말하는 사람)와 청자(듣는 사람) 사이의 힘의 관계에 따른 일시적인 개념이다. 누가 하는 말인가에 따라 성희롱일 수도 있고,

유머일 수도 있다. 우리가 매일 경험하는 바다.

대개 '아름답고 고상한 단어'는 관념적이어서 오용되기 쉽다. 그런 의미에서 나는 자유, 평화, 인권이라는 단어를 좋아하지 않는다. 글을 쓸 때도 되도록 피한다. 자유, 평화, 인권은 약자에게만 보장되어야 할 가치이지 보편적인 권리가 아니다. 그것이 모든 사람의 권리일 때 권리들 사이의 충돌로 인류는 멸망할 것이다. 강자(주류, 서구, 남성, 서울……)가 자신의 주장을 표현의 자유라고 말할 때, 그것이야말로 '진정한' 테러이며 테러라고 불리는 저항(폭력)을 초래한다. 물론 간단한 문제는 아니다. 누가 약자인가, 그것을 누가 정하는가부터가 정치의 시작이기 때문이다.

통치 세력이 '관용을 베풀어서' 약자에게 표현의 자유를 허락한다 해도 약자가 곧바로 그 자유를 누릴 수 있는 것은 아니다. 누구나 표현의 자유를 원하는 것 같지만 실제는 '사양'하는 경우가 더 많다. 극단적으로 비유하면, 한국인에게 말의 자유를 허락하되 영어로 말하라는 식이다. 성별, 인종, 계급, 지식 자원 측면에서 사회적 약자의 언어는 이미 지배 담론과 매체에 포섭되어 있다. 당연히 설득력이 떨어지고, 오해받고, '말더듬이 바보'에, 흥분하거나 화가 난 것처럼 보인다.

이를테면, 술자리에서 분위기를 깨는 사람은 성희롱하는 사람이 아니라 이에 문제 제기 하는 사람이다. 우리 사회에서 '폭력적'인 사람들은 목소리 큰 여성들, 이동권을 주장하며 거리를 점거한 장애인, '일반인'과 몸 상태가 다른 노숙인 같은 소수자들이지 기득권 세력이 아니다. '갑'들의 권리는 제도로 보장되어 있어서 가시적으로 폭력을 사용할 필요가 없다.

프랑스의 주간 풍자 신문 〈샤를리 에브도〉 사건에 대한 나의 질문은 한국인들이 주로 보는 방송은 시엔엔(CNN)인가, 알 자지라(Al Jazeera)인가였다.('알 자지라'도 영어 방송이 있긴 하다. 그러나 CNN만큼 접근하기 쉽지는 않다.) 나는 다른 입장을 이해하기 위해 아랍어를 공부할 의지와 능력이 있는가. '이슬람 조롱도 나쁘고, 테러는 더 나쁘다'는 양비론은 양가적이지 않다. 이분법은 하나가 정립된 후, 그 외 나머지 것을 말한다. A와 A가 아닌 것, 이 경우에는 표현의 자유와 테러라는 야만이다. 누가 옳게 보이는가? '양비'는 기울어진 저울을 균형 있게 보이게 하는 착시 효과다. 표현의 자유라는 성격 규정과 이에 따른 논쟁 구조 자체가 프랑스의 시각을 대변한다.

한국 사회가 이 사건에 개입하는 방식은 '지금, 여기' 우리의 문제에 적용하는 것이어야 한다. 이 땅에서 언론의 자유를 누리는 세력은 민간 정부 10년을 '잃어버린 세월'로 규정하고 계몽의 사명에 사로잡힌 '할 말은 하는 신문'들이다. 서민과 중산층의 이해를 대변한다는 매체들은 약자의 이해와 객관이라는 이중 메시지에 스스로 갇혀서 할 말이 없다. 언어가 없으니 지당하신 말씀만 늘어놓는다.

오랫동안 약자였던 집단은 자신이 원하는 것이 무엇인지 모르는 경우가 많다. 세상은 이들에게 요구한다. 너의 의견을 논리적으로, 세련되고, 우아하게 말하라고. 네 주장은 시기상조라고. 말하는 너의 존재가 무섭다고, 우리는 펜을 쓰는데 너희는 칼을 쓴다고.

프랑스의 사회 운동가 스테판 에셀이 말한 대로 "세계인권선언에서 말하는 자유는 닭장 속의 여우가 제멋대로 누리는 무제한의 자유가 아니다". 표현의 자유가 기존의 언어를 독점한 이들이 더 크게 떠들기 위한 구실이 아니라면, 근본적인 문제는 표현의 자유 보장이 아니다. 표현하는 사람이 누구인가를 질문하는 것. 이것이 표현의 자유의 전제다.

2015. 2. 13.

정의와 의리

WWWW

세월호 국정 조사 특별위원회에서 사고 원인이 제대로 밝혀질 것이라고 기대하는 국민은 많지 않을 것 같다. 국회의 의지와 성실성이 가장 관건이지만, 이 사건의 면면이 워낙 두껍고 뿌리가 깊기 때문이다. 헛된 희망일지라도 유족들의 고통을 조금이라도 덜어줄 진실이 드러나기를 기대할 뿐이다.

'구조적 문제'는 "선장이 비정규직이었다, 과적했다" 같은 돈만 좇는 신자유주의라든가 만연한 도덕 불감증, 해경과 안전행정부의 관료주의와 무책임, '해수부 마피아' 같은 것이 아니다. 나는 일부 진보 진영의 상투적 진단, "국가 안보보다 시민 안전이 문제다."라는 논리에도 동의하지 않는다. 위에 적은 사항들은 '세월호'뿐 아니라 모든 사고와 민생에 적용해도 마찬가지이기 때문이다.

개인적으로 세월호 사건의 원인은 '부정의한 구조를 만들어가는 특정 캐릭터(인성)의 범람'이라고 생각한다. 원인 규명을 넘어 이 사건은 독일 사회의 홀로코스트 논쟁처럼 우리의 일상적 의제가 되고 지속적으로 새로운 접근 방식이 모색되어야 한다.

'세월호'는 안전 사고지만 안전 이슈라고 보는 것은 안이한 시각이다. 안전은 사건화 과정의 명명일 뿐이다. 이런 사고방식은 이중의 피해를 가져온다. 사건 초기 수학여행 전면 금지가 좋은 예다. 민방위 훈련 강화 논란은 더욱 기가 막히다. 통치 이데올로기로서 국가 안전 보장 그리고 이를 정권 안보의 도구로 삼는 것. 한국 현대사를 옥죄어 온 지배 관행이다. 거듭 말하지만, 세월호를 안전 문제로 보는 것은 국민에게 유리하지 않다. 세월호는 통치(governance)의 결과다.

최근 우리 사회의 독특한 문화 현상인 '의리'는 믿을 만한 사람이 나(만)를 지켜준다는 기존 안전 개념의 산물이다. 사람들은 의리에 환호하고 있다. 의리 이미지가 뚜렷한 남자 배우에게 CF 제안이 수십 건씩 쏟아지고 있다고 한다. 인물 창조가 직업인 배우에게 의리가 이미지냐, 진정성이냐는 논란은 의미가 없다. 중요한 것은 의리의 유행이 세월호의 산물이라는 사실이다.

이제까지 의리는 조직폭력배, 군인, 경찰, 남자의 우정 등 남성들 사이의 관계에서 주로 사용되어 왔다. 부정적으로는 켕기는 일을 얼버무릴 때 "우리가 남이가?"식의 집성촌(集姓村)적 배타성, 패거리 문화를 의미한다. 영화평론가 최보은은 의리의 조건으로 '떡고물'을 제시한 적이 있다. 의리는 뭔가 나눠 먹을 것이 있을 때만 작동한다는 것이다. 그렇지 않을 때는 의리고 뭐고 없고 보복이 횡행한다.

지금 우리 사회는 의리와 정의를 혼동하고 있는 것 같다. 정의감이라는 말은 있지만 '의리감'은 없다. 의리는 보편적 윤리가 아니기 때문이다. 정의는 양심의 소리지만 의리는 힘센 자의 기호를 따른다. 정의는 모든 이에게 적용할 것을 전제하고 추구하는 일반 규범, 도리다. 정의(正義)는 현실에 대한 분노와 고뇌에서 시작되지만 의리는 '정(情)'에서 출발했다가 길을 잃는 심리구조다.

"우리가 남이가?" 이런 말을 다반사로 하는 이들조차 자신을 정의의 화신이라고 생각하지는 않는다. 의리는 강자의 힘이 낭만화된 언어다. 있는 자들의 카르텔, 이것이 의리다. 더 많이 가지려는 집단들이 힘을 합쳐 약자의 밥상을 걷어차는 폭력의 담합, 즉 강자의 의리는 약자의 정의를 짓밟기 위한 것이다.

공동선 차원에서 약자의 이해와 안전을 보호하는 것, 인류가 전 역사를 통해 기다려 온 선하고 강한 리더상이 지금 어떤 남자 배우에게 투사되어 나타난 것이 의리 열풍이다. 의리가 당대 한국 사회에 맞게 번역된 것이다.

지금처럼 리더에게 의리를 갈구하는 것은 황당할 뿐 아니라 위험한 일이다. 의리는 본래 선별적으로 작동한다. '하나회', 학벌, 지역주의가 그것이다. 퇴행적 현상이지만 역설적으로 세월호의 충격이 그만큼 컸다는 반증이다. 직업상 업무 수행을 의리라고 부르는 사회가 정상일까.

정의에는 냉소를 보이는 반면 의리는 시대 정신이 되었다. 인간에 대한 불신과 삶에 대한 두려움이 엉뚱한 의리를 낳았다. 《정의란 무엇인가》가 왜 베스트셀러가 됐겠는가. 정의는 논쟁적이지만 의리는 사적인 인연이기 때문에 조건만 맞는다면 무조건적인 안도감을 준다. 그러므로 평소 의리를 다져놔야 한다. 있는 자들에게 존경을 표하고(뇌물과 눈웃음), 일상적으로는 인맥 관리라고 불리는 사회 생활. 나는 이 시대의 라이프 스타일이 '세월호'의 원인이라고 생각한다.

2014. 7. 25.

색의 정치학

\\\\\\\

글자 그대로라면 호색한(好色漢)은 색깔을 좋아하는 예술가고 색골(色骨)은 컬러 뼈다귀지만 그렇게 생각하는 사람은 없을 것이다. '색(色)'만큼 다양한 의미와 비유가 가능한 글자도 드물다. 성(性), 캐릭터, 입장, 종류, 정치학, 특성, 건강 상태까지 표현 가능한 다채로운 글자다. 적자(赤字), 적나라(赤裸裸), 적빈(赤貧·몹시 가난함), 청신호(靑信號), 홍일점(紅一點), 상록수(常綠樹), 회색인(灰色人)……. 색깔은 색깔을 떠나 사회를 설명한다.

뭐니뭐니 해도 정치색을 따라갈 수 없으리라. 주지하다시피 검은색은 주로 '협박(blackmail)', '속이 시커먼 놈' 등 부정적인 의미로 쓰인다. 반대로 흰색은 '깨끗함', '숨김 없음(백서·white paper)'을 과시한다. 일제강점기 일경은 독립운동가나 사회주의자를 색출(索出, '色出')하는 데 수박과 사과 같은 과일을 은어로 썼다. 겉은 파란데 속은 빨간 수박은 마르크스주의자, 겉은 붉은색이나 과육은 하얀 사과는 폼만 잡는 모던 보이다. 여기에는 빨강, 파랑, 하양의 의미가 전제되어 있다. 겉은 노랗고 속은 하얀 바나나는 미국에서 백인 행세를 하는 아시아 사람을 가리킨다.

물론, 압권은 '빨갱이'다. 영원한 유통 기한을 자랑한다. 새누리당 의원총회에서 김을동 의원은 "노무현 전 대통령 마누라가 '빨갱이'다 보니 다 헝클어졌다."라고 말했다. 김 의원의 발언 목적과는 다르게, '빨갱이'라는 호명이 알려주는 것은 발언자가 생각한 개념이 무엇이고 '빨갱이'라고 불린 사람이 구체적으로 누구인가와 무관하다. 대상이 아니라 그렇게 말하는 사람이 현상의 원인이기 때문이다. 빨간 렌즈를 썼으니 상대가 빨갛게 보이는 것이다. 흑백 논리와 레드 콤플렉스 대신, 자기 색깔이 있으면서도 다른 색깔과 친구하는 무지개의 사고방식을 거부하는 것은 '빨갱이' 담론으로 막대한 이득을 보는 집단이 있기 때문이다.

나는 지난 대선 때 동네에 새빨간 단체복을 아래위로 맞춰 입은 수십 명의 선거 운동원들이 떼로 몰려다녀 시각적 피로와 두려움을 느꼈다. 유니폼을 입은 집단은 위화감을 조성하기 쉬운데, 그것이 빨간색일 때는 말할 것도 없다. 야당이나 진보를 표방하는 정당은 감히 빨간 옷을 입지 못한다. 새누리당은 색깔 선택의 자유가 무궁하나 야당은 극도로 제한되어 있다. 분홍색이나 주황색도 곤란할 것이다.

색깔 선택의 자유는 색의 개념을 정의할 수 있는 권력이기 때문에 대단히 중요하다. 이는 '내가 입으면 열정, 네가 입으면 빨갱이'인 문제가 아니다. 권력을 쥔 쪽은 자기는 색깔이 없는 중립이어서 아무 색이나 어울리지만(?) 다른 사람은 자기가 지정한 색을 입어야 한다고 생각하고 이를 사회적·문화적으로 강요한다.

몇 년 전 캐나다에서 여성주의 치유 프로그램에 참여한 적이 있다. 접수대의 백인 여성이 나더러 "유색 인종(color of people)은 당신 혼자"라고 말했다. 내 나라에서는 빨간색, 남의 나라에서는 피부색이 문제였다. 그 여성의 태도나 어감은 환영한다는 의미였지만, 나는 흥분했다. "흰색은 색깔이 아니니? 내가 유색이면 너도 유색이야. 무슨 근거로 흰색이 기준이야? 백인 말고는 다 유색이야? 그리고 흰색이 나쁜 의미인 거 몰라? 우익 테러를 백색 테러라고 하는 거 몰라?" 나의 서툰 영어에다 급작스러운 인식론적 공격에 세계사까지 운운한 때문인지, 그녀는 내 말을 알아듣지 못했고 나 혼자 씩씩거렸다.

색깔론은 영원할 것이다. 비유의 전제인 색이 사라지지 않기 때문이다. '해결책'은 색깔론의 영향을 덜 받도록 시민이 각성하고, '빨강-보수', '녹색-북한'식으로 기호 체계를 교란하는 것이다. 실제로 색의 의미가 다른 사회도 있다. 드루즈(Druze)파는 이슬람교의 한 분파인데 상징물 중 하나인 별은 다섯 가지 색깔(녹·적·황·청·백)로 이루어져 있다. 우리 개념과 다르다. 녹색은 정신, 적색은 영혼, 노란색은 말씀, 청색은 의지, 백색은 의지의 실현을 의미한다고 한다.

무색인은 없다. 누구나 성깔이든 정치적 입장이든 색깔을 가지고 있다. 그것은 개인의 기호이지("무슨 색을 좋아하세요?") 타인이 내가 좋아하거나 지향하는 색을 규정할 수는 없다. 특히 한국 사회에서는 성원권, 심지어 목숨을 앗아 가는 행위다. '빨갱이'라는 손짓 하나에 얼마나 많은 사람들이 죽어 갔는가.

한편, 흥미롭게도 색은 실제로는 배타적이지 않다. 연속적, 상호 의존적이다. 무지개가 아름다운 것은 빨주노초파남보가 같은 색의 엷은 변화이기 때문이다(무지개 깃발은 동성애 문화의 상징). 빨강에서 시작하지만 파랑으로 끝나면서 보라색으로 다시 만난다. 마치 낮과 밤이 대립하는 것이 아니라 새벽을 거쳐 계속 순환하는 것처럼 말이다.

2013. 7. 5.

쉬운 글이 불편한 이유

\\\\\\\\\

설 연휴에 문자로 "새해 복 많이⋯⋯"라는 인사를 받고 복 받은 사람은 드물 것이다. 각종 업체, 정치인, 사회 단체가 집단 발송한 이 편지들의 운명은, 삭제. 그리고 이 노동에 동반되는 감정은 불쾌감이다(내 번호를 어떻게 알았지?). 소통되지 못하는 언어는 소음이다. 이런 상황에서 글자는 쓰레기(스팸)로 전락한다. 영화 〈최종병기 활〉(2011년)에 등장하는 만주어는 중국에서도 동북부 오지의 노인 10여 명만이 사용한다고 알려져 있다. 어떤 언어는 '풍성'하지만 의사 전달에 도움이 안 되고, 어떤 언어는 극소수가 사용해 사라질 운명이지만 소중하다.

글쓰기가 생계 수단이라고 말하기 민망하지만, 위 사례들은 내 직업병과 관련이 있다. 나는 여성이지만 소수자라고 생각하지 않는다. 소수자는 '아니지만' 생각과 언어는 최대한 '중심'과 거리를 두려고 노력한다. 경우에 따라서는 필사적으로 주변성을 지향한다. 소수자의 관점은 사회적 자원이다. '주류'와 다른 시각은 상상력과 창의력의 원천이 된다. 이는 역설적으로 자본과 국가 경쟁력이 절실히 찾는 자원이기도 하다.

좋은 글은 가독성이 뛰어난 글이다. 그러나 '쉽게 읽힌다'는 말은 많은 설명이 필요하다. 내 생각에 쉬운 글에는 두 종류가 있다. 하나는 익숙한 논리와 상투적 표현으로 쓰여 아무 노동(생각) 없이 읽을 수 있는 글이다. 익숙함은 사고를 고정시킨다. 쉬운 글은 실제로 쉬워서가 아니라 익숙하기 때문에 쉽게 느껴지는 것이다. 진부한 주장, 논리로 위장한 통념, 지당하신 말씀, 제목만 봐도 읽을 마음이 사라지는 글이 대표적이다.

또 하나, 진정 쉬운 글은 내용(콘텐츠)과 주장(정치학)이 있으면서도 문장이 좋아서 읽기 편한 글을 말한다. 하지만 새로운 내용과 기존 형식이 일치하는 것은 사실상 불가능에 가깝기 때문에 그런 글은 매우 드물다. 새 술은 새 부대에. 이 말이 괜히 있는 게 아니다. 쉬운 글은 없다. 소용 있는 글과 그렇지 않은 글이 있을 뿐이다.

어려운 글은 내용이 어렵다기보다는 소통 방식에 문제가 있는 글이라고 생각한다. 그런 면에서 어려운 글은 없다. 자기가 무슨 말을 하는지 모르는 글, 개념어 남발로 누구나 아는 이야기를 아무도 모르게 쓴 글, 즉 잘 쓰지 못한 글이 있을 뿐이다.

모든 사회적 관계는 언어에서 시작한다. 다음 사례를 보자. 맘대로 해고를 '노동 시장 유연성'이라고 한다. 제주는 육지의 시각에서 보면 '변방'이지만, 태평양에서 보면 대한민국의 '관문'

이다. 해남 주민들은 해남을 '땅끝 마을'이 아니라 땅이 시작되는 곳이라고 말한다. 장보기 같은 가사 노동은 노동인가, 소비인가? 서구인이 말하는 지리상의 발견은 발견'당한' 현지인에겐 대량 학살이었다. 강자의 언설은 보편성으로 인식되지만 약자의 주장은 '불평불만'으로 간주된다. 언어의 세계에 중립은 없다.

내가 생각하는 평화로운 사회는 '만주어'가 소멸되지 않는, 다양한 시각의 언어가 검열 없이 들리는 세상이다. 하지만 사회적 약자의 언어는 드러나기가 쉽지 않아 생소하게 들릴 수밖에 없다. 예를 들어 "폭력으로 가정이 깨져서 문제가 아니라 웬만한 폭력으로도 가정이 안 깨지는 게 더 큰 문제가 아닐까요?" 이렇게 반문하면 내용이 어려워서가 아니라 기존의 사고방식과 다르기 때문에 어렵게 들리는 것이다.

나는 주식이나 자동차 분야를 잘 모른다. 하지만 이와 관련한 글을 읽을 때 무지한 내가 문제지 '어렵게' 쓴 사람이 문제라고 생각하지 않는다. 반면, 여성(학)의 글일 경우 사람들은 모르면서도 무턱대고 비난하거나 거리낌 없이 '누구나 읽을 수 있도록 쉽게 쓰'고 요구한다. 이는 품성이나 인격의 문제가 아니라 권력 관계의 단면을 보여준다. 같은 이야기인데도 누가 말하느냐에 따라 정반대 대접을 받는다. 어떤 이의 생각은 '독창적'이라고 평가받고, 어떤 사람의 생각은 '편협하다'고 비판받는다.

'근친강간(가족 내 성폭력)'이라고 써서 원고를 보내면 편집자가 오타인 줄 알고 '근친상간'으로 바꾸어, 나도 모르게 활자화되는 경우를 수없이 겪었다. 내가 장애인의 '상대어'를 비장애인이라고 쓰면 '정상인'이나 '일반인'으로 고친 후, "이 표현이 더 자연스럽다."고 오히려 나를 설득한다. 성 판매 여성 혹은 성산업에 종사하는 여성을 가리켜 불가피하게 '창녀'라고 표현할 때가 있는데, 작은따옴표를 삭제해버린다. 사소한 문제 같지만 섹슈얼리티에 관한 논의 기회 자체를 차단하는 행위다. 여성과 성에 대한 기존의 의미가 고수되는 것이다.

쉬운 글을 선호하는 사회는 위험하다. 쉬운 글은 내용이 쉬워서가 아니라 이데올로기여서 쉬운 것이다. 쉬운 글은 지구를 망가뜨리고(종이 낭비), 약자의 목소리를 억압하며, 새로운 사유의 등장을 가로막아 사이비 지식을 양산한다. 쉬운 글이 두려운 이유다.

2013. 2. 15.

'종북'과 타자

\VVVVVV\

1995년 쓰레기 종량제가 실시되었을 때 종량제가 친숙한 용어였던 사람은 많지 않았을 것이다. 종량(從量). 쓰레기 배출량에 따라 요금을 차등 부과하고 수수료의 기준은 양에 따른다(從)는 것이다. 무게나 크기가 아니라 양이 기준이다. 양을 측정하는 가장 합리적인 방법은 부피이며, 봉투는 리터(ℓ) 단위로 판매되고 있다. 부피가 유일한 척도이기에 사회적 합의가 쉽다. 쓰레기의 용도와 수분 함유량이라는 변수를 보완하기 위해 음식물 쓰레기 봉투는 따로 판다. 이처럼 종량제에서 '따를 종'의 의미는 분명하다.

종북(從北), 종미(從美). 요즘 뉴스를 뒤덮는 이 언설에 나는 두려움을 느낀다. 우리 사회는 후퇴했다. 친미, 반미, 반북……예전에는 언어가 양순했다. '친근감을 느끼거나 반대함'에서 '최고의 가치로서 맹목적으로 따름'으로 변한 것이다. 이는 양적인 차이가 아니라 인식론적 전환을 보여준다. 추종은 '하느님', '부처님', 생명, 자연처럼 아무리 진선미의 대상이라도 배타성을 전제하므로 문제가 생기기 마련이다.

종북의 정체, 실재, 그들의 태도와 행동이 끼치는 악영향은 이 글의 관심사가 아니다. 이런 비교 자체에 역정을 내는 사람도 있겠지만, 우리 사회에는 특정 국가나 '반국가 단체'를 맹목적으로 숭상하는 집단 외에도 종교, 패션, 외모, 학벌, 돈에 절대 가치를 부여하고 이를 모든 판단의 기준으로 삼는 사람들이 많다. 나는 종북, 종미가 이것들보다 특별히 더 문제라고 생각하지 않는다. 사실 독단적인 신념, 열정과 헌신은 그 대상이 무엇이든 인생을 살맛나게 하는 측면이 있다. 문명은 가벼운 조증(躁症)에서 발전하기 마련이다. 누군들 약간은 슬프고 외로운, 그래서 사유가 요구되는 울(鬱) 상태가 지속되기를 바라겠는가. 사랑, 집착, 숭배, 열광, 확신……. 생각만 해도 가슴 뛰는 일인지 모른다. 주지하다시피 히틀러는 조증을 선호하는 인간 속성을 가장 잘 이해하고 활용한 정치가였다.

성적 소수자나 장애인, 여성 운동가 중에서도 지나치게 비타협적이고 열정 과잉인 사람들이 있다. 나도 어떤 이들에게는 '꼴통 페미'로 불린다(민망한 사족이지만 내가 그 정도로 치열하지 않다는 점에서 이는 사실이 아니다). 심지어 수도 생활을 하는 사람들끼리도 진정한 '종(宗)'을 두고 싸우는 경우가 있다. 오죽하면 '에코 파시즘'이라는 말이 있을까. '불신지옥'을 강요하는 모 종교의 역(逆)선교 방식이나 밀교를 방불케 하는 물건 판매 조직의 폐단도 무시할 수준은 아니다. 그런데 왜 이들의 맹목성은 종북이나 종미만큼 혐오나 비난의 도마에 오르지 않을까? 그리스어의 '좋다고 생각되는 것'에서 유래한 도그마(dogma)가 오늘날 '생각하지 않음'을 의미하게 된 것은 역설이 아니다. 생각함이나 생각하지 않음이나 차이가 없다는 얘기다. 이 문제는 독단 대 이성의 사안이 아니라 대상에 대한 이해관계의 정치학이기 때문이다.

종북과 종미는 대립하고 있지만, 결코 대칭적이지 않다. 전 지구가 사정권인 미사일로 무장한 유일 초강대국을 추종하는 사람과 지구상 최빈국을 맹종하는 사람의 정신 상태가 어떻게 같을 수 있겠는가. 그들의 무의식을 어찌 다 헤아리겠는가. 종북과 종미는 그들 나름의 각기 다른 이유와 목적이 있다. 나는 추종의 진위가 아니라 그 불가능성과 언어 자체의 위험성이 논의돼야 한다고 생각한다. 쓰레기 종량제처럼 따를 대상이 유일하고 뚜렷한 경우의 복종(?) 행위는 문제가 없다. 하지만 종북이나 종미는 대상이 없다. 인도 출신의 세계적인 작가 아룬다티 로이는 반세계화, 반미 활동가로도 유명한데, 그녀는 반미주의자라는 지적에 이렇게 말했다. "반미가 무엇인가요? 저는 미국의 재즈, 요세미티 국립공원의 아름다운 나무, 미국의 인권 운동가를 사랑합니다. 저는 친미도 반미도 아닙니다." 로이의 문맥에서 반미의 대상은 부시 행정부 정도일 것이다.

로이의 말을 종북에 적용해보자. 종북 세력은 북한의 무엇을 맹종한다는 말인가. 금강산의 풍광? 선군(先軍) 정치? 백두산 천지? 기아 상태의 인민들? 온면? 냉면? 주체사상? 만일 주체사상이라면 심각하다. 사상은 추종하는 것이 아니라 그 자체로 비판적 사유이기 때문이다. 어쨌든 북한도 미국도 각기 균질적인 하나가 아니다. 국가는 지칭을 위한 재현, 즉 표상이지 실체가 아니다.

우리 사회에서 북한 인권과 관련해 가장 핵심적인 논점은 권력층과 고통받는 인민을 구별하자는 것이다. 그래야만 인권 지원이 반북, 친북 정치로 이용당하지 않는 '순수한' 인권 운동이 될 수 있고 절실한 필요에 부응할 수 있다. 이 구별을 왜 종북 담론에는 적용하지 않는가? '종북', '종미'라는 용어 사용은 북한이든 미국이든 공동체의 주적(主敵), 혐오하는 타자, 왕따를 만들어내는 일이다. 어쩌면 이들의 존재 자체보다 이러한 지시 행위가 더 위험할지도 모른다. 이것이야말로 종파적 행동이다. "너, 그거지?" 누구든 언제든 타인을 심문할 수 있는 권력. 혹시 우리는 모두 양비론을 가장한 채 이러한 권력을 행사하고 있는 것은 아닐까.

2012. 6. 8.

순대와 반도체

\\\\\\\\\\\

미국 대공황 시대를 배경으로 한 영화 〈올 더 킹즈 맨〉(2006년)에서 주지사 선거에 출마한 주인공(숀 펜)은 이상한 연설을 한다. "우리의 요구는 부자들에게 먹을 것을 나눠 달라는 것이 아닙니다. 단지 먹다 남은 음식을 버리지 말라는 것입니다. 저들은 버릴 음식도 우리가 먹지 못하도록 식탁보를 걷어버리고 있습니다!" "음식을 달라"가 아니라 "버리지 말라"는 외침에 유권자들은 박수를 친다.(영화의 원작은 실화를 바탕으로 한 퓰리처상 수상작이다.)

택시를 탔는데 라디오에서 재벌 개혁, 소액 주주 운동에 관한 뉴스가 나왔다. 기사는 갑자기 흥분해 시민 운동을 원색적으로 비난했다. 나는 교통사고가 날까 봐 불안한 지경이었는데 그의 열변은 막힘이 없었다. "누가 S재벌 나쁜 거 모르나, 내가 더 잘 안다. 원래부터 평등은 없다. 어차피 서민은 떡고물로 산다. 그래서 나라는 망해도 재벌이 망해서는 안 되는 것이다. 그들이 더

크고 더 잘돼야 부스러기도 커지는데, 재벌 비판 세력(그의 표현은 "운동권 ×××")은 그마저 탈탈 털어내려 하니 사는 게 절망적"이라는 것이다. 나는 모기만 한 목소리로 "잘못을 지적한다고 재벌이 망하는 건 아니잖아요."라고 말했지만, "무조건 서민이 앞장서서 재벌을 키워줘야 한다."는 더 큰 볼륨의 일장연설을 들어야 했다.

개인 간이든 집단 간이든 갈등의 발단은 상식의 개념에서 시작하는 경우가 많다. 각자가 생각하는 상식의 의미가 너무 달라서 우리 사회에서 상식은 단어 자체의 뜻〔常識, common sense〕과 가장 거리가 먼 말이 아닌가 싶다. 상식적인 수준의 평등 주장이나 자본주의 경제의 기본 원리조차 '선동' '과격' '친북' '포퓰리즘', 심지어 '역차별'이라고 생각하는 사람들이 있다. 나 역시 그중 한 사람이었나 보다. 나의 상식도 가진 자의 편에 가까웠는지, 위의 두 가지 목소리가 모두 과장으로 느껴졌고 솔직히 약간은 무섭고 충격적이었다. "정의는 바라지도 않는다, 떡고물이라도 뺏지 말라"…….

'문어발'이라고 비판받아 온 이른바 대기업의 서민 업종 영업을 대기업 스스로(?) 철회하겠다고 선언하자, 이들의 결단을 '동반 성장 기여'로 평가하는 여론이 대세를 이루고 있다. 빵, 커피, 순대, 어묵, 통닭, 피자뿐 아니라 자전거 대여점, 군부대의 PX, 서점, 물놀이 산업, 택배업, 인력 시장까지 대기업이 행차하지 않는 분야가 거의 없다. 30대 재벌의 매출 비중이 국내 총생산의

96.7퍼센트를 차지한다고 하니, 자본주의가 온전히 지속되기를 바라는 마음에서라면 마르크스보다 애덤 스미스가 더 가슴 졸이며 걱정할 상황이다.

자본주의가 발달, 아니 팽창할수록 경제 시스템에서 생산과 소비보다 금융과 유통이 주도권을 쥐게 된다. 필요한 만큼 상품을 생산하는 것이 아니기 때문에, 잉여와 재고를 통제하는 집단이 시스템을 좌우하게 된다. 대기업 입장에서는 기왕의 유통 라인에 '수저 하나만 얹으면' 되는 셈이다. 타인에 대한 웬만한 '봉사와 희생' 정신이 아니고서는 유혹을 자제하기 어려울 것이다. 그러니 이들에게 동반 성장은 자신의 부를 위협하는 억압이자 실질적인 피해이다.

한편 내가 의문이 드는 부분은 동반 성장이라는 논리 자체다. 동반 성장 담론은 현실에 색안경을 씌우는 반사회적 언어다. 대기업, 중소기업, 소매업, 자영업, 개인 사업은 이미 그 규모와 역할에서 분업화되어 있다. 초등학교에서 배우는 경공업, 중공업, 서비스업 개념이다. 자동차와 김밥의 영업 이익이 다르고, 순대와 반도체의 매출 수준이 다르고, 커피 한 잔에 6,000원이 넘는다 해도 조선업이나 방위 산업체 항공 모함의 그것에 비할 수는 없다. 그냥 차이가 아니라 아예 다른 범주의 경제 활동이다.

모든 분업의 원리가 그러하듯 분업은 역할 분담이 아니라 위계의 시작이다. 이익의 불평등은 말할 것도 없고, 분업은 원시공동체 시절부터 신분제를 위한 물적 기반이었다. (여성의) 채집보다는 (남성의) 수렵이, 밭일보다는 쌀농사가 더 우월한 일로 여겨져 왔다. 분업은 필연적으로 성별화, 인종화, 연령화되고 이는 계급 사회를 구성하는 기본 요건이 된다.

A기업의 주력 업종은 전자, B기업은 떡볶이인 상황에서 '동반'은 애초부터 성립되지 않는다. 몸집 차이가 확연한 두 사람이 발을 묶고 빨리 뛰어야 하는 이인삼각 경기에서 다치는 사람은 누구겠는가. 그런데 지금 우리 사회는 구조적 분업, 불평등 상황이나마 유지하려는 절박한 눈물을 동반 성장이라며 좋아하고 있다.

인구의 0.1퍼센트도 안 되는 재벌과 그 일가가 국가 경제력의 70퍼센트 이상을 점유하고 있는데, 99.9퍼센트의 사람들이 30퍼센트를 지키려는 노력이 동반 성장인가? 성숙한 재벌의 노블레스 오블리주인가? 99.9퍼센트 사람들이 안도해야 할 일일까? 이는 균형 발전이 아니라 균형 감각 상실이다. 균형을 잃게 되면? 공도동망(共倒同亡), 모두가 넘어진다.

2012. 2. 24.

다르게 생각한다는 것

////////

하루 종일 TV 앞에 있다 보면 아무리 리모컨을 눌러대도 광고 화면을 피할 길이 없다. '방콕 연휴'에 새삼 깨닫게 된 우리나라 광고 문화의 일관된 주제는 '새로움'이었다. "우리 상품은 남들과 다르고 과거와 다르다."는 것이다. 특히 정보 기술(IT), 전자, 자동차 분야와 기업의 이미지 광고는 '천편일률적으로 새로워서' 광고 내용과 제품을 바꾸어도 문제가 없을 정도였다.

대중 매체, 학교, 기업, 정부, 사회 운동, 논술 사교육 시장 모든 곳에서 "새롭게 생각하라, 상상력을 키워라, 혁신하라, 튀어야 산다……"고 가르친다. 새로운 것에 대한 추구. 이에 대한 사회적 압력과 강박이 오히려 상상력을 마비시킬 지경이다. 몇 해전 모 재벌 회장이 "마누라만 빼고 다 바꾸자."라고 했지만, 이시대 이혼율을 생각하면 그의 말과는 반대로 배우자만 바뀌고나머지 세상사는 그대로인 것 같다. 그만큼 새롭기가 어려운 것이다.

내 의문은 두 가지다. 왜 새로워져야 하며, 새로워져야 한다면 어떻게? 끝없는 혁신이 왜 그다지도 중요하단 말인가. 그것은 시대 정신, 역사 의식인가. 아니면, '한낱' 자본의 영혼인가? 계속적인 '신상품의 완판'을 위해서, 지구 자원 고갈을 위해서만 혁신을 외치는 것은 아닐 것이다. 하지만 '개성', '나만의……' '나! 나! 나!'를 강조하면서도 유행을 신봉하고 같은 브랜드를 유니폼처럼 장착하며 그렇지 않거나 못한 사람들을 집단 따돌림하는 현상에서, 새로움이 무엇인가가 분명해진다. 이때 새로움은 온고지신의 반대어도 아니고 발전주의적 의미의 진보도 아닌 인습일 뿐이다.

자연 파괴와 왕따를 위해서가 아니라면, 무엇을 위해 그토록 새로워져야 한단 말인가. 이는 어떻게 새로울 것인가와 직결된다. 스티브 잡스만이 한 말은 아니겠지만 이 시대의 유행어, '다르게 생각하라'는 정말 다르게 생각되어야 한다. 내가 알기로 잡스는 이 말의 전제가 되는 더 중요한 이야기를 했다. "나는 이분법(기존의 세계관)을 싫어한다. 왜냐하면 내가 룰을 만들기 때문이다." 이분법에 대한 잡스의 간결한 정의는 창의적 사유 방식에 대한, 부분적이지만 좋은 대답이다. 발상의 전환은 기존의 발상에서 시작한다. 새로움은 기성의 것에 대한 의문, 문제의식, 비판에서 나온다. '체제 긍정'에서 창의적 사고는 불가능하다.

인간의 사유 방식은 언어의 지배를 받기 때문에 상상력은 관념적인 것으로 오해되기 쉽다. 하지만 '딴생각'은 머리를 흔들어서가 아니라 몸의 경험으로 기존 언어를 부정할 때 가능하다. 케이블TV에는 유난히 대부업체 광고가 많은데, 그중 "고객님이 직접 전화를 주시면 확실히 (고객의 고충을) 알 수 있을 텐데."라는 문구가 있다. 역지사지. 흔한 이야기지만 쉽지 않은 실천이다. 채권자가 채무자의 입장에서 세상을 보는 것. 남녀, 비장애인과 장애인, 부자와 빈자, 이성애자와 동성애자, '특별 시민'과 지방 사람…… 이들 관계에서 전자가 후자의 처지에서 삶을 이해하기는 쉽지 않다.

아니, 쉽고 어려운 차원이 아니라 어쩌면 불가능한 일인지도 모른다. 첨예한 이해 갈등, 정치 권력의 문제이기 때문이다. '주변'과 '중심'은 각자 다른 공간에서 일상을 보내며 '중심'은 안락한 삶의 유지와 영속을 위해 온 힘을 다한다. 그리고 대개 그것은 정상, 합리, 보편, 전통, 상식의 이름으로 정당화된다. '다른 생각'이 기득권의 이해와 부합할 땐 창의력, 독창성으로 불리지만, 그렇지 않을 땐 자의성, 편협함, 부정적 사고로 비난받곤 한다.

'제주'는 특정 지역이라기보다 어떤 상징이다. 제주도 사람에게 대전은 교통의 요지나 중간이 아니다. 제주도에서 출발할 때 대전은 가장 불편한 도시다. 비행장이 없기 때문이다. 대전에 닿으려면 청주공항이나 김포공항을 경유해야 한다. 서울~대전 사이의 거리는 하나지만, 제주~대전 간에는 최소한 세 개의 거리 개념이 있다. 접근성에 따른 물리적 거리, 수치상의 객관적 거리,

복잡한 교통편에 따른 심란한 심리적 거리. 거리와 거리감은 다르다. 즉 거리감은 서울과 제주의 지리가 초래한 필연이 아니라 사회적인 위치성이다(대부분의 남한 사람에게 북한은 미국보다 훨씬 멀게 느껴진다). 이러한 현실을 인식하는 것, 인식의 위치를 바꾸는 것, 이것이 상상력이다.

우리의 최선은 "타인의 어려움을 알 수 없다는 '좌절'을 인정하고 그들의 목소리를 존중한다." 정도일 수밖에 없다. 이러한 관계의 긴장과 고난의 여정에서 새로움이 나온다고 생각한다. 상품 개발, 자본주의 발전을 위한 새로움을 향한 노력을 존중한다. 그러나 이 새로움은 과거를 밟고 전진하는 수직적인 새로움이기에 인간과 자연에 주는 혜택이 적다. 이제까지 드러나지 않았던 '주변'의 목소리에 귀를 기울이고 동시에 내 안의 주변성을 탐색하는 것은 과거와 현재를 대립시키고 위계화하지 않는다. 이때 일상은 깨달음이 주는 아름다움의 연속이 되고 인생과 예술의 길이는 같아질 것이다.

2012. 1. 27.

'지속 가능한 복지'라고?

WWWW

　무상급식을 둘러싼 서울시 주민투표(2011년 8월 24일)는 먹고 사는 문제, 즉 정치의 본질을 극적으로 보여주었다. '개인적인 것이 정치적인 것이다', '일상이 전장이다'라는 진리를 모든 시민(혹은 전 국민)이 경험하고 생각하게 했다는 점에서 180억 원 넘게 들었다는 선거 비용은 낭비가 아니다.

　이 문제는 계속 토론하고 사유해야 한다. 이 돈을 시민 정치 교육 비용으로 생각한다면 "꺼지지 말아야 할 불씨(복지 이슈)를 살리기 위한…… 밀알이 되겠다."라고 한 오세훈 전 서울시장의 사퇴사는 정확한 표현이다.

　나의 어머니는 교직에 종사하면서 연년생 삼 남매를 두셨는데, 1980년대 내내 매일 새벽 도시락 6개를 준비하고 출근하셨다. 무상급식을 포퓰리즘과 연결하는 것은 극소수 정치인의 시각이다. 학교 급식이 절실한 사람은 결식아동과 더불어 매일 도시락을 싸야 하는 수백만 가사 노동자이다.

그리고 이 투표는 '질문의 정치학'의 좋은 사례다. 사람들은 상대방의 의견을 묻는 것 자체를 민주주의라고 오해한다. 민주주의 여부를 결정하는 것은 질문의 내용이지 질문 행위가 아니다. 이 투표는 일종의 이런 질문이었다고 생각한다. "쟤를 차별할까요, 말까요?", "차별을 이렇게 할까요, 저렇게 할까요?"이것은 폭력이지 질문이 아니다.

한편 정책의 정당성 문제와 별개로 집행이 불가능하거나 정책취지가 의심스럽다는 문제를 제기할 수 있다. 오세훈 시장이 제안한 부모 소득 하위 50퍼센트 해당자를 골라낼 방법이 정말 궁금하다. 부모가 이혼했을 경우는? 부동산은 있으나 현금이 없는경우는? 배우자의 재산이 얼마나 되는지 모르는 사람들도 많은데, 어떻게 호구 조사를?

위에 적은 것만 해도 흥미로운 논쟁거리지만, 내게 백미는 '지속 가능한 복지'론이었다. 1990년대 이른바 문민정부 이후, 보수세력이 저항적 시민 사회의 일부가 되면서 기존 진보 진영이 전유(專有)했던 자유, 인권, 평화 같은 용어를 보수 세력이 전유(轉有)하기 시작했는데, '녹색 성장'처럼 이명박 정부 들어서 절정을이룬 느낌이다. 이러한 '전복적 언어' 실천은 바람직하다. 좋은말은 서로 쓰려 하기 때문에 '진정한'이라는 수사를 앞세우며 독점을 위해 투쟁하기 마련이다. 이 새로운 언어들을 '오용'이라고비판하는 것은 쉬운 방법이다. 문제는 비판보다 사유하기가 훨씬 어려워졌다는 사실이다.

'지속 가능한 복지'는 유명한 용어, '지속 가능한 발전(sustainable development)'의 오세훈식 해석인 것 같다. 널리 알려진 대로 '지속 가능한 발전'은 경제 성장과 산업화가 환경 위기의 근원으로 인식되면서 자연과 시장 경제의 관계를 점진적으로 재조정하기 위한 프로그램이다. 이 상태로 경제 성장을 계속 추구하다가는 지구 자원이 바닥나므로 아껴 쓰자는 것이다.

사실, '지속 가능한 개발'도 시장 경제 패러다임을 벗어나지 않는 강대국이 주도하는 대책이지만, 그나마 '천천히 개발하자'는 약간의 걱정과 성찰을 담고 있다. 그런데 한국 사회에서 이 말은 환경 운동의 구호로, 시장 경제 반대론으로 엉뚱하게 사용되고 있다.

시장 경제는 자연을 현금으로 만들지만, 반대로 현금은 자연의 생태 과정으로 변환될 수 없다. 고갈은 필연적이다. 인간과 자연이 맺는 관계 원리가 생명 유지일 때 자연은 공공재이지만, 이윤과 부의 축적(그리고 축적 후의 복지 시혜!)이 사회 조직 원리가 될 때 자연은 자원이 된다. 경제 지상주의 가치관에서 성장과 복지는 상반되는 개념이다. 그러므로 '지속 가능'과 '발전'은 모순적 해결책으로서 '말이 되지만', '지속 가능한 복지'는 그렇지 않다. 복지는 공동체 모든 구성원의 생명 유지를 위한 것이므로, 지속 가능과 복지는 동의어이다. 두 번 쓸 필요가 없다. '지속 가능한 복지'는 같은 말을 반복함으로써, 복지를 시장 친화 용어로 변질시킨다. 수식어의 기본 기능은 의미의 한정이다. '지속 가능'은 복지의 수식어로서 복지의 개념을 축소하고 왜곡한다.

'지속 가능한 복지'는 생명을 보류하고 선별하자는 구호다. 복지를 현재의 삶과 대립시켜 미래의 목표로 만드는 것이다. 시민권으로서 복지는 부자와 빈자, 사회 구조의 가해자와 피해자, 시혜자와 수혜자를 분리할 수 없는 당위적인 '진리'다. 가정 경제가 나라 경제의 토대라면, 학교 급식은 복지 이슈가 아니라 단지 일상적인 경제 활동이다.

'모래사장(沙場)'이나 '역전(驛前) 앞'처럼 동어 반복은 있을 수 있다. 사람들은 같은 말인 줄 알지만 습관적으로 쓴다. 이런 동어 반복은 세련된 사회적 약속(언어)은 아니지만 공동체를 위협하지 않는다. 그러나 '지속 가능한 복지', 이 동어 반복은 반사회적이다.

2011. 9. 2.

언어의 정치학

〰〰〰〰

한창 구제역 관련 뉴스가 끊이지 않을 때였다. 케이블 TV 채널을 돌리다 비교적 광고가 적은 CNN을 보게 되었다. 말이 들리는 '시청(視聽)'이라기보다는 주로 화면만 보고 있는데 하단의 뉴스 자막이 눈에 들어왔다. "S. Korea struggles with foot-and-mouth." 'foot-and-mouth'? 발과 입, 이게 뭔가? 발하고 입이 닿는? 그렇다면 이건 오체투지(五體投地) 또는 삼보일배 투쟁? 이렇게 짐작하니 거의 맞겠다는 확신이 들었지만, 당시 삼보일배 투쟁 소식을 듣지 못한 것 같아 사전을 찾아봤다.

구제역이었다! 뉴스 내용은 "한국 구제역 퇴치에 전력"! 구제역, foot-and-mouth disease, 口蹄疫. "다리(발굽)가 네 개인 동물이 입 주위에 병……." 'foot-and-mouth' 뒤에 'disease'나 'epidemic'처럼 질병을 뜻하는 단어가 붙었다면 조금은 이해가 빨랐겠지만, 최대한 짧게 표기되는 TV 자막을 탓할 수는 없다. 하여간 그때까지 한글로는 잘 모르겠던 구제역의 의미가 한자와 영어를 보면서 금방 이해되었다.(한글, 영어, 한자 이 세 언어 사이의 위계나 내 독해 능력 문제는 이 글의 요지와 무관하다.) 순간, 막연히 기분이 나빴다. '우리말'인데 한글로는 이해가 안 되다니. 이 경우에는 한자는 글자 모양(그림)이 의미를 나타내는 표의(表意) 문자이고, 한글과 영어는 소리 나는 대로 적는 표음(表音) 문자라는 원리가 적용되지 않는다. '구제역'이라는 한글 소리로는 의미 전달이 잘 안 되는데, 외국어인 영어 'foot-and-mouth'는 내게 알파벳이라는 그림, '표의'로 파악되는 것이다.

그즈음 '(社)전국漢字敎育추진총연합회'(이후 이 단체 관련 한자 표기는 원문 그대로이다)가 중앙 일간지에 아래와 같은 의견 광고를 냈다. 이 단체는 "국민의 대다수가 病名도 잘 모르면서 수백만 마리의 소 돼지를 殺處分하는 것은 부끄럽고 죄스러운 일이다."라며, '구제역'은 한글 전용의 폐해를 보여준 대표적인 사례라고 주장했다. 광고에는 이런 예문이 제시되어 있었다. "정부에서는 구제역( )을 하루속히 구제( )해야 농민들을 구제( )할 수 있지만 구제약( )으로는 안 된다." 요지는, 괄호 안의 한자 없이는 이 문장의 뜻이 파악되지 않는다는 것이다. 이 단체는 "辭典을 찾지 않고 자신의 실력만으로 정답을 붓으로 써서 본 연합회로 보내면 심사하여 賞品(30만 원 상당)을 시상하겠다."며, "과연 글이 있는 나라인가?"라고 개탄했다. 이들의 논리에 담겨 있는 전제는 다음과 같을 것이다. "한글 단어의 80퍼센트는 한자이다. 한글은 한자의 소리에 불과해서 한자를 병기하지 않으면 의미 파악이 안 된다. 한자가 '의미의 원조'이기 때문이다."

물론 이런 생각이 아주 틀린 것은 아니고, 의견 광고를 낸 이들처럼 많은 사람들이 '구제역'을 한글 전용의 대표적 폐해 사례라고 생각할지 모르겠다. 한글 전용론자가 아닌 나 역시 그들의 지적에는 공감하지만, 이 '(언어적) 구제역 파동'이 한글 전용 때문이고 따라서 한자 교육을 의무화해야 한다는 주장에는 동의하지 않는다. 이 주장은 언뜻 그럴듯하게 들리지만 반례가 수도 없이 많을 뿐만 아니라, 말의 의미를 결정하는 것은 언어 자체(text)의 사전적 규정이 아니라 사회적 맥락(con/text)이라는 점에서 '틀린 말'이다.

문제는 이 논쟁 자체이다. 나는 우리말을 사랑하지만, 한글 전용 찬반 논쟁은 무의미할 뿐 아니라 언어의 본질을 왜곡하는 사고방식에서 비롯되었다고 생각한다. 이미 증류수처럼 순수한 한국어도, 한자어도 존재하지 않는다. 한·중·일 그리고 베트남까지 한자 문화권이지만 언어 역시 사회적 관계의 산물이기 때문에 끊임없이 움직이고 변화한다. 한국이나 일본에서 쓰는 한자는 중국 한자의 파생이 아니라 새로 만들어진 다른 글자다. 같은 한자라도 각 사회마다 의미가 다른 경우가 많다.

'괜찮아요?(Are you OK?)'에 해당하는 일본어 '다이조부데스까'의 한자 표기는 '대장부(大丈夫·다이조부)'이다. 말할 것도 없이 여기서의 '大丈夫'는 우리 사회에서 흔히 쓰는 '사내 대장부'와 다르다. 한국에서 공부는 '工夫'이고 일본어에서는 '勉强'이며 중국어에서는 '學習'이다. 널리 쓰이면서 언어와 권력의 상관 관계를 가장 적나라하게 보여주는 사례는 '미국'이라는 단어다. 미국은 한국에서 '아름다운 나라, 美國'이지만, 어떤 사회(북한)에서는 '尾國'이며, 일본에서는 '米'로 쓴다. 이처럼 한자의 의미는 고정되어 있지 않다. 따라서 '원래 그 뜻'이란 없으며, 중국 글자(한자는 영어로 'Chinese letter')가 의미의 기원으로 간주되어서도 안 된다.

다소 엉뚱한 이야기처럼 들릴지 모르겠지만, 나는 1985년에 고3이었고 학력고사라는 이름의 대학 입학 시험을 경험한 세대다. 내 기억이 맞다면, 당시 문과생이었던 내가 치른 학력고사의 과목 수는 19개였다. 지원 대학에서 치른 논술 고사까지 합치면 20개가 되고, 언어와 관련된 과목은 국어, 고전, 한문, 영어, 일어, 논술까지 여섯 과목이다. 예전에는 한자, 일어, 영어 등 한반도를 지배한 국가의 언어를 다 배워야 하는 처지라고 '비분강개'한 적도 있지만 지금은 그렇게 생각하지 않는다. '우리(말)'는 불변의 고착체 혹은 순성(純性)이 아니라 매 순간 움직이고 변화하는 유동적이고 혼성적(混成的)인 존재다. 한국어도 언어로서 자기 변형 운동을 한다. '口蹄疫'도, '버스'도, 심지어 '모찌떡' 같은 국적 중복어(?)도 '우리말'이다. 이 모두가 국어의 역사이고 흔적이며 일부인 것이다.

그러나 '순수한 우리말'이라는 담론이 야기하는 더 중요한 정치적 문제는, 이 논쟁 구도 자체가 한글이든 한자든 모든 언어는 다른 언어에 대해 배타적인 완결성이 있으며 내부 균질성을 지닌다는 이데올로기를 전제하고 있다는 점이다. 이러한 인식 때문에 실제로는 존재하지 않는 객관성, 보편성, 일반성, 전체라는 개념이 만들어진다. 사실 보편성은, 쉽게 말해 강자의 특수성에 불과하다. 객관성 혹은 진실은, 있을 수도 있고 없을 수도 있다. 누군가에게 어느 순간 절대적으로 존재하기도 한다. 그러나 그것은 먼저 존재하는 것, 당위적인 것, 자명한 것, 영원한 것이 아니라 특정한 시공간적 조건에서 일시적으로 만들어진 정치의 산물이다.

표준어는 객관성 신화의 대표 산물이다. 우리말 중 일부 지방의 말을, '전체'의 대표, 본질, 정상, 규범, 기준이라고 강제하면서 그 외 지방의 말은 사투리, 지방, 소수, 예외, 비정상이라고 간주하는 것이다. 물론 우리는 모두 알고 있다. 국가(예전의 '국정' 교과서)에서도 이렇게 가르친다. "서울, 경기 지역에서 사용하는 말을 표준말로 정한다." 그야말로 인위적으로 '정한' 것이다. 서구에서 근대 국민국가 건설 초기에 지방어 사용을 금지하고 비하하는 언어 '통합' 과정에서 끔찍한 대량 학살이 있었다는 것. 국어는 본래부터 존재하던 실체가 아니라 인쇄술의 발달에 힘입어 제작되고 탄생되었다는 것. 이처럼 '국어'는 중앙 집권적 국가가 만들어지는 과정에서 탄생한 대표적인 폭력의 산물이었다.
　같은 상황이라도 우리는 흔히, 어떤 경우에는 '창의적'이라고 표현하지만 어떤 경우에는 '자의적'이라고 말한다. 어떤 경우에는 '용기 있다'지만 어떤 경우에는 '무모하다, 소영웅적이다'라는 말을 쓴다. 이는 단지 뉘앙스의 문제가 아니다.

하나의 완결된 단위(unit), 같은 우리말이기 때문에 의사소통에 문제가 없는, 표준적 매개로서 언어는 존재하지 않는다. 존재할 수 없다. 언어의 의미는 단어의 뜻을 공유하고 있기 때문에 전달되는 것이 아니라, 대화 참가자 간의 상호 작용, 말하는 사람과 듣는 사람의 사회적 위치, 배경, 조건, 상황, 몸짓, 뉘앙스에 따라 정해지기 때문이다. 같은 한국어라도 연령, 성별, 계층, 사회적 입장에 따라 다른 의미로 작용하는 경우를 우리는 매일 경험하고 있지 않은가? 교사와 교장, 교사와 학생, 여성과 남성, '국민'과 '청와대', 부모와 자녀 간에 말이 잘 통하는가? "대화가 안 된다, 말이 안 통한다"는 우리가 일상적으로 하는 푸념, 아니, 인생의 본질적인 고통이 아닌가? 그래서 어떤 사람들은 상대자가 없는 기도와 명상 같은 대화 형태를 추구하기도 하고, 이런 대화만이 진실하다고 생각하기도 한다.

'언어는 사회적 약속'이라는 말은 언어의 정의(定義)라기보다는, 언어의 개념을 사유하는 출발점, 실마리이다. 언어는 사회적 약속이지만, 그 사회(community)가 반드시 국가 단위(국어) 차원에서 강제될 필요도 없다. 그보다는 오히려 그 사회가 어떤 사회인가에 대한 논쟁이 선행되어야 한다. 평화와 평등을 지향하는 사회라면 모를까, 바람직한 사회가 아니라면 약속을 지킬 필요가 있을까? 다시 말해, 어떠한 사회를 지향하느냐에 따라 약속의 의미도, 약속 이행에 대한 평가도 달라져야 한다.

아니, 이러한 논의를 떠나 이미, 어느 사회에서나 사회적 저항 차원에서든 언어 유희 차원에서든 기존의 약속을 어기는 실천은 있기 마련이다. "파병하는 나라의 국민이고 싶지 않다."라는 선언처럼 스스로 자기가 속한 사회의 구성원이고 싶지 않은 사람도 있고, 사회에서 소외되거나 배제된 사람도 있으며, 사회적 약속, 다시 말해 기존 언어에 동의한 바가 없다고 주장하는 사람도 있을 수 있다. 마르크스는 "지금까지 철학은 세계를 해석하는 데 그쳤지만, 이제 철학은 세계를 변혁해야 한다."라고 말했다. 이 테제는 인류의 위대한 지적 유산임에 틀림없지만, 내 생각에는, '철학(언어)을 다르게 해석하는 것 자체가 변혁이다'. 사회 운동은 기존 언어 체계를 의심하고 '교란'하고 '전복'하여 '국론을 분열'시키는 것이다. 국론이 분열되는 것은, 국론의 이름이란 미명 아래 보장되던 기득권층의 특권을 인식하고 그것이 마치 전체의 이익과 보편인 것처럼 만들어지는 과정을 드러내면서 사회적 약자의 목소리와 이익이 가시화되는 것을 뜻한다. 굳이 언어가 사회적 약속이라는 의미를 고수한다면, 아마 작은 약속 혹은 작은 사회의 약속 정도가 될 것이다. 그러니까 모든 언어는 다양한 작은 사회들의 방언인데, 힘 있는 사회의 방언이 표준어, 즉 넓은 의미의 법이 된다. 이 '법'은 약속, 규범, 정의(定義), 정의(正義), 진실, 문화, 전통 등 다양한 양상으로 우리의 삶과 상호 작용하고 있다.

다시 '구제역'으로 돌아가보자. 한글로만 표기했을 때 이 말을 이해하기 힘든 것은, 한글 전용의 문제나 전문 용어이기 때문이 아니다. 흔히 통용되는 '유비쿼터스(ubiquitous)'나 '하자(瑕疵)'는 쉬운 말이던가? 그래도 이 단어들은 한글로만 써도 뜻이 통하며, '瑕疵'가 아무리 어려운 한자라 해도 사람들은 '흠, 결함'이라는 의미로 일상적으로 사용한다. 몇 년 동안 구제역으로 온 나라가 시끄러웠지만, 나를 비롯해 대부분의 도시민은 그 뜻을 알기 어려웠을 것이다. 그러나 사육 농가, 피해 농민, 관련 공무원, 지역 관계자 등 현장의 당사자들은 한자 병기와 관련 없이 구제역이 무슨 병인지 너무도 잘 알고 있다.

몇 해 전 '황우석 사태' 때 나타난 줄기세포(stem cell)에 대한 전 국민적(?) 이해도를 생각해보자. 서울 서초구 우면산의 수해가 보도되는 빈도와 심도 그리고 복구에 대한 사회적 지원과, 매년 반복되어 왔던 경기도 의정부, 문산, 동두천 지역의 수해에 대한 우리의 관심을 비교해보자. 전자는 일시적 장마가 아니라 한반도가 아열대로 가는 우기와 건기로의 변화라느니, 도시 설계의 문제라는 식으로 구조적 분석과 대책이 논의되지만, 그 외 지역의 피해는 늘 있어 왔던 '자연스러운 자연 현상'으로 간주되곤 한다.

구제역의 의미는 한자를 병기해서 알 수도 있지만, 구제역 피해가 피해 농민의 고통을 넘어 온 국민의 관심사가 된다면 '저절로' 알게 될 것이다. 언어의 의미 전달은 글자 자체의 현학(衒學) 에 의해서라기보다는, 정치·경제·사회적 이해(利害)관계에 따라 이해(理解) 범위가 달라진다. 그렇다면 우리가 앎을 위해 주의를 기울여야 할 것은 언어 자체와 더불어 언어를 사용하는 방식, 즉 사회적 권력 관계가 아닐까?

2011. 가을

3장

부끄러움에 대하여

뻔뻔한 시대

////////

최순실 게이트로 인해 문화계 성폭력 문제가 뒷전으로 밀리고, 트럼프 당선으로 최순실 씨 뉴스가 가려진다는 우려는 안 해도 될 것 같다. 세 가지 모두 '비슷한' 사건이기 때문이다. 물론 피해 규모나 처벌받을 사람들은 다르지만, 우주의 '나쁜 기운'임엔 틀림없다.

이번 미국 대통령 선거처럼 결과가 의외이거나 경악스러울 때, 꼭 이렇게 말하는 사람들이 있다. "난 처음부터 그럴 줄 알았어!" 나도 그런 부류다. 트럼프는 당대를 대변하는 인간형이다. 대중이 좋아할 수밖에 없다. 대의제가 무너진 지 오래지만, 언제부터인가 사람들은 자기 이익을 대변할 사람보다는 자신이 욕망하거나 동일시하는 사람에게 표를 주기 시작했다. 이명박 전 대통령에 대한 지지나 안철수 '현상'이 대표적이다. 민주주의 사회에서 이보다 어리석은 일은 없다. 직업 정치인의 기업인화, 연예인화. 이것은 정치 자체의 붕괴다.

문제는 또 있다. 내가 욕망하는 사람이 어떤 사람인가이다. 그냥 부자인지, 자수성가 타입인지, 인격자인지, 똑똑한 사람인지……. 미국의 선거 전문가와 언론은 트럼프의 음담패설 시리즈 이후 클린턴의 낙승을 예상했다. 그러나 그것은 상식 사회의 논리다. 한국이나 미국이나 '이상한' 분들이 지도자인 세상이다.

트럼프의 여성, 인종 관련 발언은 단순한 음란, 패륜이 아니다. 폭력이고 혐오 범죄다. 나는 그가 음담패설을 하면 할수록 지지율이 올라갈 것이라고 보았다. 주요 지지층인 백인 남성들, 즉 평소 트럼프처럼 말하고 싶은 이들에게 그의 말은 '사이다'였을 것이다. 그 해방감과 쾌감. 여성 비하, 이민자 혐오가 전 지구촌에 울려퍼졌다. 트럼프의 승리는 선거 전략인, 막말의 승리다.

트럼프로 인한 나의 좌절감은 단순한 국제 문제가 아니다. 바로 지금, 우리가 일상에서 겪는 일이다. 문화평론가 서동진의 저서 《자유의 의지 자기 계발의 의지》는 한국 사회의 신자유주의 광풍에 대응하는 개인의 자기 계발 현상을 분석한 빼어난 작품이다. 이 책의 후속편이 나와야 한다. 지금은 자기 계발을 넘어 각자도생(各自圖生)의 시대다. 자기 계발이 개인의 성실성('노~오력')으로 구조를 극복하려는 소박하지만 처절한 대응이라면, 각자도생은 시스템이 붕괴된 상태에서 생존 여부를 목전에 둔 인간의 지옥도다.

각자도생은 말 그대로, 혼자의 힘으로 생존을 시도하는 것이다. 여기서 중요한 것은 '시도(試圖)'다. 시도는 성공이 아니므로

'성공할 때까지' 모든 수단을 총동원하는 세상을 향한 개인의 전면전이다. 물론 그 방식은 최 씨 사태에서 보듯이 규모의 한계도 염치의 한계도 없다.

한국 사회의 오래된 현상, 힐링 열풍과 더불어 자살과 우울증의 '범람'은 각자도생의 결과다. 단지 먹고살기 위해서라면 그래도 나은 사람이다. 더 출세하고 성공하기 위해 어떤 시도도 마다하지 않는 사람이 늘어나고 있다. 개인을 억압하는 사회 구조는 가까이에 있다. 바로 인간관계에서 상처와 배신이다. 여기서 가해자는 사회 적응자로, 피해자는 루저가 된다. 옳고 그름이 승패의 문제가 되는 것이다.

살아온 이력 때문인지 내 주변에는 대개 진보 진영이나 여성주의자가 많다. 흔히 도덕적일 것이라고 기대받는 사람들이다. 그러나 최근 몇 년간 내 경험으로는 전혀 그렇지 않다. 폐쇄성이 겹쳐서 그런지, 이 '판'도 만만치 않다. 규모가 작을 뿐 '우리 안의 최순실, 트럼프'가 한둘이 아니다. 성폭력은 기본이고, 사기, 표절, 계급주의, 학벌주의, 소비주의, 연줄 문화, 약자에 대한 모욕과 막말, 이중성……. 내가 페이스북 근처에 가지 않는 이유 중 하나는, 이런 사람들이 그곳에서 캐릭터 변신을 하고 자신을 미화하기 때문이다. 나는 겪었고 보았다. 진보 혹은 페미니스트라고 자처하는 이들이 사익을 위해서라면 무엇이든 한다는 것을. '상록수'는 극소수다.

최근 나는 오래된 친구가 면전에서 거짓말을 일삼는 일을 겪었다. 상처를 받았다기보다 트럼프 당선을 믿지 않는 사람들처럼("내 대통령은 아니다", "내가 몰랐던 미국……"), 믿어지지 않았다. 믿어지지 않으니, 그 사람이 왜 그랬을까를 계속 고민하게 된다. 이러한 상황이 지속되면, 우울과 자살이 전 사회적 현상이 된다. 정의로운 사회나 전쟁 때처럼 시비가 뚜렷한 상황에는 자살이 적다. 의문이 사라지는 상태이기 때문이다.

트럼프 당선의 일등공신은 막무가내 캐릭터다. 트럼프는 한때 자신이 불리해지자 "선거를 취소하고, 내가 이긴 걸로 하자."라는 '명언'을 남겼다. 이것이 세계 최고(?)의 법치 국가 미국의 대통령 후보가 한 말이다. '인(간)성'이라고 말하고 싶지만, 평가적인 표현이 되기 쉬우니 캐릭터(성격)라고 하자. 뻔뻔함은 신자유주의 시대의 대세 캐릭터다. 돈과 힘을 숭배하고 약자를 짓밟아야만 쾌감을 느끼며 후안무치가 주는 강력한 자아의 느낌을 즐기는 사람들. 미국의 저소득, 저학력 백인 남성들은 이것을 욕망했다.

피의자 우병우 씨가 검찰 조사실에서 웃고 있는 사진을 보고 혈압이 터진 사람은 나뿐만이 아니리라. 누가 더 얼굴이 두꺼운가에 따라 생사가 갈리는 세상. 이것은 앎과 모름의 싸움이다. 뻔뻔함은 '악'을 모르는 사람이 이길 수밖에 없는 게임의 법칙이다. 그들은 죄의식과 불편 없이 전진한다. 반면, 옳고 그름을 고민하는 사람은 뻔뻔해질 수도 없고, 뻔뻔한 세상을 감당할 수도 없다.

이제 인간의 '본질'이 호모 사피엔스(생각하는 사람)냐, 호모 파베르(도구를 만드는 인간)냐, 호모 루덴스(놀이하는 인간)냐를 논할 시기는 지난 듯하다. '호모 셰임리스(뻔뻔한 인간)'의 시대다.

2016. 11. 14.

어떤 2조 원

\\\\\\\\\

어깨·목 통증 치료사, 안과 의사, 인문학 강사. 장담컨대 이 직종들은 앞으로 최소 5년 안에 한국 사회에서 가장 유망한 직업으로, 인력 부족을 겪는 분야가 될 것이다. 인문학 강사의 경우, 대학에서 인문학은 사양길 정도가 아니라 이미 '사망'한 지 오래지만(전공자가 대학에 취업하는 것은 어렵지만) 어느 사회나 '교양인'이 되고자 하는 이들은 있기 때문이다.

나머지 직업은 스마트폰과 관련한 건강 전문가들이다. 인터넷 인프라 세계 최고, 2013년 현재 스마트폰 보급률 세계 1위, 2015년 3월 가입자 기준으로 성인 83퍼센트의 보급률. 우리 주변을 보자. 길거리, 집안, 사무실, 강의실, 버스, 전철 안은 기본이다. 심지어 횡단보도, 불 꺼진 극장, 데이트 중에도 사람들은 스마트폰을 쥔 채 머리를 숙이고 있다. 시력과 경추 부위 이상은 필연적이다. 지금도 많지만 뒷목, 어깨, 윗등 근육통, 두통을 동반하는 거북목 증후군 환자가 폭증할 것이다.

본질적인 이슈, 그러나 거의 논의되지 않는 문제는 스마트폰이 인간의 존재를 대신하고 있다는 점이다. 은둔하고 싶거나 혹은 실종자로 처리되고 싶다면 스마트폰만 꺼 두면 된다. 휴대전화 번호가 시민권을 대체한 지 오래다. 어디를 가든 전화번호를 입력하라고 한다. 전자우편 비밀번호 변경, 기차표 예약, 은행 계좌 개설까지. 사회는 누구나 휴대전화가 있다는 가정에서 돌아가고 있다. '당신은 누구인가'를 확인하는 질문에 왜 사람이 아니라 전화기가 답해야 하는가? 주민등록증 없이는 살아도 휴대전화 번호 없이는 생활할 수 없는 세상이다. 통신사가 막대한 이익을 챙기며 국가의 역할을 대신하고 있는 것이다. 이를 소비주의, 자본주의 원리라고 비판하는 것은 너무 소박하다. 인류 역사상 이렇게 자발적인 전체주의 사회가 있었던가.

공중전화 같은 공공 서비스는 사라져 가고, 매클루언의 지적대로 인간은 도구를 사용함으로써 자기 몸을 확장하는 데 몰두하고 있다. 많은 사람들, 특히 기계류를 좋아하는 일부 남성들은 자신이 소유한 기계의 성능이나 가격이 자아의 크기와 비례한다고 생각한다. 자동차, 컴퓨터, 휴대전화의 새 기종이 나오면 달려가는 얼리어답터(early adopters). 나는 이들이 핵, 원자력, 전쟁보다 '더' 두렵다. 인문학의 실종 때문일까. 이 기기들이 양산하는 산업 폐기물의 재앙에 대한 인식은 거의 없다. 가입자 인증을 위한 핵심 부품인 유심(USIM) 칩에 대한 정보는 넘쳐나지만, 이를 구성하는 금속 성분이 다른 물질과 합성될 경우를 대비한 지식은 접하기 힘들다.

한국은 보수, 진보, 페미니스트 할 것 없이 성장주의, 발전주의자들의 사회다. 과문한 탓인지 모르겠지만 나는 아직 전 국민적 스마트폰 사용을 비판하거나 문제 제기하는 논의를 들은 적이 없다. 모두가 구입과 사용을 당연시한다. 삼성전자의 '갤럭시노트7 폭발 사건'으로 인한 리콜 비용이 1조 5000억 원에서 2조 원에 이른다고 한다.

100만 원을 전후한 '갤럭시노트7'이 출시되자 '노트5'는 22만 원대로 떨어졌다. 나는 얼마 전 아버지를 위해 '노인폰'이라는 2G 폴더폰을 15만 원에 구입했다. 스마트폰은 어디까지 진화해야 하는가. 아니, 이것이 진화의 문제일까. '7'과 '5'의 차이(약 80만 원)와 '5'와 '2G'(7만 원)의 차이를 생각해보자. 이는 진화라기보다는 이익을 위한 유행 창출이라는 기업 정신일 뿐이다.

20여 년 전 일이긴 하지만 1997년 어느 대통령 후보는 대선을 치르기 위해 "천억만 있으면 좋겠다."라고 말한 적이 있다. 그의 말이 정확한지 아닌지는 모르겠지만, 어쨌든 그 언저리라는 뜻일 것이다. 2조 원. 0자리 숫자가 6개(100만 원)만 넘어가면 뇌가 멈추는 나 같은 사람에겐 상상할 수 없는 액수다. 그 정도의 돈이 '갤럭시7'의 수익 비용도 아니고(!) 리콜이라는 생산 비용의 일부다.

2조 원을 다른 곳에 쓴다면 무엇을 할 수 있을까. 학생들의 친환경 급식, 농가 부채 탕감, 가난한 암 환자를 위한 치료비, 아르바이트 시급 1만 원 책정, 시간 강사 월급제, 택시 기사 사납금제 폐지, 가정 폭력 피해 여성 쉼터, 성 산업에 종사하는 여성을 위한 의료 복지, 장애 아동을 혼자 감당하는 엄마를 위한 사업…… 잠시 '로또'를 꿈꾼다.

물론 그 돈은 사익을 추구하는 기업의 돈이고, 5와 7의 차이는 '클 것이다'. 하지만 2조 원. 이것은 과학 기술에 관한 이야기가 아니라 향후 자본주의 사회의 방향을 가늠하는 사건이다.

무엇이 더 중요한 문제인가. 기술 발전은 누구를 위한 것인가. 누가 이익을 보는가. (내가 가장 궁금한) 도대체 인류는 누구에게 자신의 능력을 인정받고 싶은 것일까. 누가 인간을 우러러볼 것이라고 기대하는 것일까. 과학 기술 발달의 목표는 편리함인가? 대안적 편리 개념은 없을까. 어디까지 발전해야 성이 찰까. 오래된 질문조차 멈춘 시대다.

발전주의에서 살아남을 방도를 모색할 때다. 발전 지상주의는 경제 강국으로 가는 길이 아니라 종말론적 신앙이다. 생산과 소비를 무한정 늘리고, 시장 교환 체제를 확대하고, 자연을 얼마나 더 뒤지고 파헤칠 것인가. 스마트폰은 스마트하지 않다.

2016. 10. 24.

양심의 의무

WWWW

내가 회원으로 참여하는 단체에서 대중 강좌를 기획하는 회의가 있었다. 주제를 '양심의 자유'로 정하고 전문가 A 박사를 섭외하기로 했는데, 회원 두 명이 이견을 냈다. 한 사람은 요즘 수강생들이 양심의 자유에 관심이 있겠느냐며 강의 주제에 회의적이었고, 다른 사람은 A씨를 개인적으로 아는데 "양심이 없는 분"이라며 반대했다. 참석한 사람들 모두 폭소를 터뜨렸다. 나는 이 에피소드가 지금 한국 사회의 중요한 단면이라고 생각했다.

양심의 자유는 개인이 추구하는 신념이나 가치관에 대해 외부 세력(주로 국가)의 억압이나 강요가 없어야 한다는 대표적인 인권 사상이다. 우리 사회에서는 주로 '사상의 자유'라고 표현하지만 서구에서는 근대 초기 르네상스 때 종교의 자유에 대한 사회운동으로 출발했기에 신앙의 자유의 의미가 강하다.

그간 우리 현대사를 지배해 온 일제와 미국에 기댄 군사 독재세력은 사상의 자유를 철저히 탄압해 왔고 수많은 정치범과 양심수(良心囚)를 양산해 왔다. 대한민국은 한 인간을 45년 동안 (1951~1995) 감금한 기록을 보유하고 있는 국가다. 세계 최장기수 김선명 씨다. 남아프리카공화국 대통령이었던 넬슨 만델라도 27년이었다. 이처럼 우리 사회에서 양심의 자유는 주로 국가가 개인을 억압하는 문제였다.

그러나 지금 국가(정권)는 위기에 몰리면 엉뚱한 '종북몰이'를 할망정, 국민이 무슨 생각을 하는지 관심이 없다. 애초부터 '단일한 국가의 이익'은 이데올로기일 뿐 실제로는 불가능한 개념이지만, 어쨌든 요즘은 국가의 이익에 반대하는 사상을 깊이 연마하고 주장하는 개인도 별로 없다.

요약하면, 예전에는 양심의 자유가 공적 영역에서 개인의 권리를 보호하는 차원에서 주장됐다면 지금은 '양심의 자유'보다 개인들 간의 '양심의 의무'가 절실한 시대다. 악화가 양화를 쫓아내던 시대조차 한참 지났고, 양화는 어딘가에 숨어 분통과 우울 속에서 지내는 것 같다. 우리는 양심은커녕 상식도 공유되지 않는 시대를 견뎌내고 있다. '양심 없는 삶'을 한마디로 말하면, 사기(詐欺)와 횡령(橫領)이다. 이 말은 법률 용어지만 넓은 의미로 보면 타인을 속여서 이득을 취하는 모든 행동을 의미한다.

근래 자본주의와 과학 기술은 사회 관계망 서비스(SNS) 형식의 양심 종말(?) 인프라를 제공하고 있다. 페이스북이나 트위터를 장단점 차원에서 논하는 것은 의미 없는 일이다. 장단점은 결국 인간의 의지에 의존하는 관념론이다("악용하지 말자!"). 그보다는 SNS가 어떻게 사회를 변화시키고 있는가에 관심을 두어야 한다.

한국 사회의 진보, 보수는 너나없이 발전주의자들이다. 이들 모두 IT나 스마트폰의 진화에 열광한다. 성장주의와 민주주의는 상극이다. 현재 한국 사회에서 SNS의 역할은 크게 세 가지다. 첫째, SNS는 날마다 갖가지 기록을 경신하는 극단의 자본주의 체제에 범퍼(안전장치) 역할을 하고 있다. 시간 보내기, 현실 도피, 자기만의 세계를 충족하는 장난감으로 이만 한 것이 없다.

둘째, SNS는 기존의 온라인과 오프라인의 경계를 허물고 있다. 온라인은 가상 세계고 오프라인은 현실이 아니라 모두가 현실이다. 진짜 현실도 SNS도 다양한 현실의 하나다. 이 때문에 SNS의 헤비 유저들은 현실 세계의 '루저'가 아니라 다른 현실의 국민이요, 주체다. 이들은 여러 개의 아이디(시민권)와 익명성, 연결망으로 다른 현실의 '주류'를 공격한다. 이들 중 일부는 키보드 노동으로 타인의 인권을 침해하고 혐오 산업을 생산한다. 유명 인사를 괴롭힘으로써 자아를 고양한다.('타블로에게 진실을 요구합니다' 같은 사이트가 대표적일 것이다.) 키보드만으로 자아 실현이 가능한 시대다.

가장 큰 문제는 SNS의 자아가 또 하나의 자아가 아니라 아예 '동명이인'에 가깝다는 사실이다. 페이스북을 운영하는 사람과 페이스북에 재현되는 사람이 완전히 다른 경우가 많다. 여기서 사기가 발생한다. 온라인상의 욕설이나 여성에 대한 혐오도 문제지만, 이는 새삼스럽지 않다. '일베'는 새로운 미디어가 곧 권력이라는 것, 즉 미디어 자체가 메시지임을 잘 보여준다. 오프라인에서는 그런 언어가 불가능하기 때문이다.

온라인에서 자기 홍보는 규제가 없다. 페이스북에는 '헌신적인 사회 운동가', '올바른 페미니스트', '억압받는 소수자 대표', '미모의 개념녀'가 넘쳐난다. 개인의 일상을 불특정 다수에게 공개하는 것 자체가 어느 정도의 자기 도취와 관음증, 노출증을 전제한다. SNS에 자기 소개를 나쁘게 하는 사람은 없다. 예전에는 국가가 여론을 조작했지만, 지금은 개인이 방송국을 운영하고 여론을 만든다. SNS를 통해 개인의 능력과 이미지를 과잉 재현하는 사람이 늘어나는 것이 문제다. SNS의 '이미지'로만 사회적 영향력을 얻거나 거짓 모금 활동을 하는 이들도 있다. 이 모든 것이 팔로어 숫자에 의해 좌우되고 그들의 환심을 얻으려면 일상을 접고 온라인상에서 세력 확보에 사력을 다해야 한다. 실제 삶은 부실해질 수밖에 없다.

양심의 자유는 부정의한 권력에 저항할 때 필요한 권리이고, 양심의 의무는 자신과의 싸움에서 필요한 윤리다. 후자에 기반을 둔 전자의 실천은 도인의 경지에서나 가능한 일이다. 매체의 발달은 신중하게 생각해야 할 문제다. 기술의 한계보다 양심의 한계가 더 극복하기 어렵기 때문이다.

2016. 8. 22.

"헌법보다 인간관계"

〰〰〰〰

　대화 중에 아는 사람이 나오면 "세상 참 좁다."고들 한다. 한국에서는 3.4명, 세계적으로는 7명을 건너면 아는 사람이라는 얘기도 있다. 정말 그럴까. 나는 그렇게 생각하지 않는다. 세상이 좁다는 것은 그만큼 '끼리끼리' 사회라는 의미다. 폐쇄된 집단 속의 삶. 종친회, 동문회, 재벌들 모임, 고교 학군, 대학 입학 학번, 동종 업계, 사회 운동가들까지. 아는 사람이 많으면 세상이 좁게 느껴지는 법이다.

　하지만 아는 사람이 없을 때 세상은 황량할 정도로 넓다. 70억 명이 넘는 지구상 인구 중에 아는 사람이 얼마나 될까. 아무리 지구촌 시대라 해도 사람들은 지역, 계층, 성별 등으로 분리되어 있다. 사는 방식도 제각각이고 통념 밖의 라이프 스타일도 많다. 아동 학대부터 권력층의 초대형 부패까지 우리를 놀라게 하는 뉴스들은 그만큼 세상이 넓다는 증거다. 대부분의 사람들은 당장 옆에 있는 여성, 장애인, 성 소수자, 무적자(無籍者), 이

주자의 일상을 알지 못한다. 서울 토박이, 중산층, 40대 여성이 대부분인 내 주변의 '얌전한' 친구들의 아는 사람 범위는 아무리 건너봤자 거기서 거기다.

우리 사회에서 아는 사람이 형성되는 대표적인 구조는 학연이다. 인맥, 네트워크, 연대 등 이름은 다양하지만 결국 사적인 이익을 위한 연줄, 언제든 끊거나 이을 수 있는 안면 몰수의 이해관계다. 문제는 다양한 계층의 '아는 사람 집단'이 목소리를 내는 사회가 아니라 'TK', 'SKY', '관피아', '와스프(WASP·미국의 백인 주류 계층)'처럼 특정 집단이 자원을 독점하고 아량을 나누고 자기들만의 구획된 공간에 살면서 "세상이 좁다"고 경탄(?)한다는 점이다. 좁은 것은 그들 삶이지 세상이 아니다.

한국 사회는 불공정한 규칙조차 제대로 작동하지 않는 곳이다. 세습된 '족보(학벌)'를 중심으로 한 남성들 간의 인간관계가 좌우하는 사회다. 돈 없고 배경 없는 이들은 어쩔 도리가 없다. 이른바 성완종 리스트 사건. 비록 부패 기업인이었지만 '초등학교 중퇴의 신문 배달 소년'이 자수성가하기까지 경험은 어땠을까. 그는 평생 식사를 혼자 한 적이 없다고 한다. 남을 의식하지 않고 혼자 식사하는 것이 즐거운 나 같은 사람은 상상할 수도 없는 인생이다. 타고난 사교적 성격이라 해도 어떻게 평생 비즈니스로 식사를 했단 말인가. 그렇게 살아왔는데 '이완구의 인간관계'에서 간단히 배제되자 죽음을 선택했다. 그의 좌절과 원한은 가진 자들의 완강한 배타성을 보여준다.

영화 〈내부자들〉(2015년)의 내용처럼 남성들만의 관계, 남성 연대가 사회를 질식시키는 현상을 동성 사회성(同性社會性 · homosocial)이라고 한다. 이런 사회에서는 몇몇 남성 빼고는 모든 사람이 모욕과 스트레스, 실질적인 피해 속에 살아가야 한다. 세계 최고의 술, 담배 소비량은 인간관계의 전초인 회식 문화와 무관하지 않다. 회식 현장에서의 소비, 그리고 회식 이후 스트레스로 인한 소비.

2016년 2월 새누리당 공천에서 대통령의 심중을 대변한 조원진 의원(대구 달서병)의 발언, "헌법보다 인간관계"는 명언 중의 명언(銘言)이다. 가슴을 후비며 새겨진다. 이처럼 한국 사회의 성격을 명료하게 정의한 '학자'는 당분간 등장하기 힘들 것이다. 그가 다시 국회의원이 된다면(아마도 되겠지만), 우리는 부끄러워해야 한다. 민심의 지지 없이는 나올 수 없는 결과이기 때문이다.

이 사건은 군신 관계, 법치와 인치(人治)라는 봉건성과 근대성의 대립처럼 보이지만 그렇지 않다. 임금과 신하의 관계라 해도, 절차가 있고 룰이 있는 법이다. 기원전 한나라의 무제(武帝)도 사마천에게 사형을 내리기 전에 죽는 방법에 대해 의견을 물었다. 그 유명한 궁형(거세형)을 택한 이야기다.

조 의원의 발언은 헌법의 가치를 훼손한 것이 아니다. 규범, 상식, 최소한의 약속 등 인간의 사회성을 일거에 무너뜨릴 수 있다는 자신감의 발로다. 그들은 언제나 그렇게 살아왔기 때문에 자연스러운 일상이 무의식적으로 입 밖으로 나온 것이다. 두려운 것은 이들 인간관계의 힘이다. 기득권 세력은 관계로 살아가고, 나머지 국민은 법대로 살아야 한다. '인간관계'는, 법 위를 활보하는 이들과 법이라는 이름만으로도 겁박이 통하는 이들을 구별하지 못하도록 우리를 혼란스럽게 한다. "헌법보다 인간관계"는 모순 어법이지만 현실이다. 이 발언이 막말인 것은 옳지 않아서가 아니다. 누구나 알고 있지만, 최소한 발설해서는 안 되는 암묵을 만천하에 드러냈기 때문이다. 그것도 선거철에.

절실한 삶의 조건, 우리는 인간관계 없이 살 수 없다. 관계가 곧 '나' 자신이다. 배려와 존중, 친밀감, 인정이 우리를 살게 한다. 행복하려면 성숙한 인간관계가 필수적이다. 그러나 이 원리는 모든 영역에서 모든 사람에게 동등하게 적용될 때만 '인간관계'라고 불러야 한다.

2016. 4. 11.

선망과 대의 정치

//////

　이 글을 2011년 이른바 안철수 열풍 때 썼다면, '선망의 정치와 절망의 정치'가 제목이 되었을 것이다. 자연인으로서 이명박과 안철수는 이력이나 캐릭터, 세대(1941년생, 1962년생) 등에서 공통점이 거의 없어 보인다. 안 의원을 야권의 대안으로 보는 이들은 이명박과 비교하는 것 자체가 불쾌할 수도 있다. 그러나 애초부터 새누리당과 안 의원의 지지층은 겹쳐 있었다. 이번에도 '안철수의 독립'으로 새누리당 지지표가 10퍼센트가량 떨어졌다.

　이명박과 안철수는 당대 대한민국 대중의 워너비, '나도 저런 사람이 되고 싶다'는 선망의 대상이다. 이들은 부와 명예를 상징하는 스타이며 이를 발판으로 삼아 정치에 입문했다. 물론 성취 방법에는 큰 차이가 있다. 특히 안 의원은 개인의 노력과 성실성만으로도 성공할 수 있다는 것을 보여준 젊은이들의 희망이었다. 이에 반해 이명박은 '기업인 출신=경제 전문가'라는 이미지를 백분 활용했다. 긴 이야기지만, 사실 현대건설 사장 시절 그가 실제 한 일은 '경영'이 아니었다. 어쨌든 유권자는 그와 공모했다. "당신처럼 부자가 되고 싶다." 더 나아가 갖은 세파와 '갑질'에 지친 대중은 그처럼 '강한(뻔뻔한) 인간'이 되고 싶었는지 모른다.

정치는 자원의 분배를 결정하는 책임이고 선거는 그 대리인을 뽑는 첫 과정이다. 우리는 당연히 자신의 이익을 대변하는 사람을 뽑아야 한다. 그런데 언제부터인가 사람들은 대표자가 아니라 '되고 싶은 사람', 즉 자신이 욕망하는 인물에게 표를 준다. 권리를 반납하고 자신을 지배자와 동일시하는 이른바 '대중 독재'다.

대중의 선망을 받는 이들은 전통적인 의미의 독재자보다 더 잔인한 면이 있다. 부도덕하고 무능한데도 단지 유명하고 돈이 많다는 이유로 사랑받는다면? 그런 사람이, 자신을 부러워하는 이들에게 잘해줄 이유가 있을까. 선망(羨望)은 '양(羊)의 고기를 보고 침을 흘리다'라는 뜻이다. 자기가 부러워 침을 흘리는 사람을 누가 존중하겠는가. 이때 통치는 저절로 이루어진다. 이명박이 적나라하게 보여주었듯이, 그는 '신선한' 미국산 쇠고기를 수입하라는 서민의 소박한 요구조차 조롱한 인물이다.

대의(代議)는 어려운 기술(art)이다. 모든 국민이 국정을 논할 수는 없다. 정치는 훈련된 직업 정치인이 해야 한다. 그들이 대변을 넘어 대의(大義)를 지향하고 약자를 옹호하는 것까지는 바라지 않더라도, 일단 원칙은 그렇다. 그러나 정치인이 국민을 대리하기는커녕 '그들만의 나라'를 추구하자 민주화라는 이름으로 시민 사회가 형성되었다. 그러나 최근 우익 시민 사회의 등장으로 비정부기구(NGO)의 가치 지향은 분열되었고, 시민을 대변하는 기능은 약화되었다. 대중은 깨달았다. 이제 아무도 자신을 대변하지 못한다는 것을. 어떤 세력도 자기 편이 아니라는 것을. 아무도 자기 말을 못 알아듣는다는 것을.

원래부터 불가능했는지 모르지만 대의민주주의는 사라졌다. 직접민주주의, 즉 시위가 의회를 대신하기 시작했다. 촛불 시위는 그 신호탄이었다. MB정권이 출범하자마자 그에게 투표했던 이들이 쏟아져 나와 6개월 이상 거리에서 자신을 직접 대표했다. 다시 요약하면, 대한민국의 대의제는 의회가 할 일을 시민 사회가 하다가 시민 사회가 무기력해지자 대중이 직접 나섰고, 이제는 아예 '스타'에게 정치를 맡기는 선망의 정치로 추락했다.

대표자(representative)는 우리의 재현(representation)이다. 우리와 같은 사람, 선거 포스터에 자주 등장하는 그야말로 '일꾼'이다. 선망의 대상이 일꾼이 된다? 많은 시간이 필요하거나 불가능한 일이다. '되고 싶은 사람'은 자기가 되면 된다. 가장 정치인이 되지 말아야 할 타입이 이명박과 안철수 같은 인기인이다. 물론 누구나 직업 정치인이 될 수 있다. 안 의원은 이직(移職)했으므로 새로운 직장(정치인)에 충실하면 된다. 쉽지 않겠지만 그가 '부러운 사람'에서 말 그대로 국민의 몸을 '대신(代身)하는 정치인'으로 성장하기를 진심으로 바란다. 그런 의미에서 '간철수'

나 '강(强)철수'는 바람직한 현상이다.

　나는 안 의원이 토크 콘서트 같은 곳에서 소통과 힐링을 강조할 때 이상했다. 가족 사이에도 소통이 안 되는 마당에 국민과 대리인 사이에 소통이 뭐 그리 중요한가. 정치인은 메시아가 아니다. 상호 계약만 정확히 인지하면 된다. 소통이라는 '따뜻한' 단어가 의미하는 바는 공정한 대리인이 아니라, 보기만 해도 위로가 되는 호감 가는 사람을 원한다는 뜻이다. 모두들 외롭기 때문일까.

　나 역시 그런가 보다. 현·전직 대통령들 중에서 왠지 MB가 가장 명랑해 보인다. 아니, 행복해 보인다. 우울한 연말, 나는 그를 부러워하고 있다.

2015. 12. 31.

그들은 저항했다

WWW

얼마 전 발생한 '백화점 모녀 갑질 사건'은 최근 폭발하는 '갑' 관련 뉴스 중 하나가 아니다. 나는 매일 진화하는 이 사건에서 우리 사회의 변화를 보았다. 이 사건은 저항이란 무엇인가에 대해 근본적인 인식의 전환을 요구하고 있다.

처음에 나는 자신을 '갑'이라고 생각하는 이들이 많다는 사실에 놀랐다. 갑이라는 정체성(?)도 웃기지만 VIP라고 주장하는 모녀처럼 물건을 많이 사면 '갑'이 되는가. 그리고 '갑'은 아무나 무릎 꿇리는 이들인가. 마치 망국 직전의 조선 말기를 연상시킨다. 그때도 지금처럼 갑이고 싶은 이들이 많았다. 당시 인구 구성은 세금을 안 내는 양반이 70퍼센트, 세금을 내는 평민이 30퍼센트였다. 양반 족보가 매매되는 등 신분 제도가 붕괴되었기 때문이다.

그 다음 '흥미'로웠던 점은 조기숙 전 청와대 홍보 수석이 트위터에 올린 내용이었다. 정확히 말하면 그 트위터로 인한 후폭

풍이다. 그는 "백화점 알바생 3명이나 무릎을 꿇었다는 사실이 믿기 어렵다."라며 "하루 일당 못 받을 각오로 당당히 부당함에 맞설 패기도 없는 젊음. 가난할수록 비굴하지 말고 자신을 소중히 여기면 좋겠다."라는 의견을 올렸다. 물론 그의 선의는 의심할 여지가 없으나 사태는 새로운 국면으로 들어섰다. 이제까지는 '갑질'에 대한 비난만 있었지, 피해자의 대응에 대한 언급은 없었기 때문이다. 이에 대해 〈한겨레〉는 "저항은 개인이 아닌 사회의 책임이며 당시 상황을 기록하고 고발하는 것 자체만으로도 의미가 크다며 '패기 없음'을 지적하기보다 함께 있었는지 돌아볼 일"이라고 보도했다. 하지만 두 가지 의견 모두, 당사자(피해 아르바이트생)의 입장과는 거리가 있어 보인다.

이런 일은 부지기수다. 비슷한 사례인지 모르겠지만 나는 몇 년 전 이사 중에 '가보' 같은 책상을 잃었다. 이삿짐센터 직원들이 시간이 없다며 책상을 해체하지 않고 옮기다가 2층에서 떨어뜨려 박살이 난 것이다. 직원들은 자기들이 변상할 테니, 절대로 회사에 알리지만 말아 달라고 애원했다. 회사는 보험에 가입했다고 선전했지만 그들은 "모르시는 말씀"이라며 돈을 내겠다고 우겼다. 변상하면 하루 종일 헛수고를 하는 셈이다. 나는 차마 그들의 일당을 '뺏을 수 없어' 포기했다. 이 경우 이삿짐센터 직원들은 누구에게 어떻게 저항해야 하는가. 아니면 자기 과실이므로 저항할 자격조차 없는가.

다시 반전. 며칠 전 우연히 공공도서관 휴게실에서 이 사건에 대한 젊은이들의 의견을 듣게 되었다. 그들은 조기숙 교수와 〈한겨레〉를 모두 비판했다. 그들은 격렬한 어조로 말했다. 요지는, 1)알바들이 저항 잘한 거 아냐? 저항이 뭔데? 저항했다가 회사에 찍히는 거? 그게 저항이냐? 손해지! 2)참은 개들이 잘한 거지. 당하는 장면 찍어서 인터넷에 올리는 게 저항이지. 합의금이라도 받아야지. 3)저항한답시고 여자들에게 뭐라고 해봐라. 피해자가 가해자 된다니까. 4)지들은 금수저 물고 태어나서, 없는 사람한테 '저항하라'는 인간들이 갑보다 더 재수 없어.

저항이란 무엇일까. 이기는 것인가? 인간다운 것인가? 정의인가? 단도직입적으로 약자가 저항하면 이익을 보는가? 아니면 약자는 도덕적이어야 하므로 이익보다 대의를 추구해야 하는가? 윤리적·사법적·문화적 차원에서 저항의 개념은 모두 다르다. 이 불일치 때문에 피해자들은 저항하면 할수록 2차, 3차 피해를 겪을 가능성이 크다. 약자들이 저항할 줄 몰라서 저항하지 않는 것이 아니다. 대개의 경우, 저항하면 더 큰 피해를 입기 때문이다.

저항해서 자존감이 회복되거나 실질적 보상을 받는 경우는 드물다. 저항 과정의 사소한 문제가 가해의 본질보다 더 문제시되는 경우가 대부분이다. '갑질'은 하지 않지만 '있는 자'들은 이 억울함을 모른다. 없는 이들의 저항은 폭력으로 간주된다. 사회 불안 조장 세력이 되거나 허수아비 취급을 받으면서 누가 시켰느냐며 배후를 조사받는다. 가해와 피해의 상황은 사라지고 양비론에 사생활까지 파헤쳐진다. 나는 성폭력, 가정 폭력 피해 여성들을 상담하면서 이런 경우를 무수히 보았다. 저항해도, 저항하지 않아도 비난받는다. 부정의는 끝이 없다. 유명 진보 인사나 '강남 좌파'가 저항하면 명예든 실질적 힘이든 얻을 확률이 있지만, 없는 이들이 저항하면 박수보다 뭉개진 억장(臆腸, 가슴과 창자)에 다시 억장(億丈)이 덮친다. '저항하지 않았다'는 누구의 시각인가? 그들은 저항했다.

2015. 1. 16.

"죽으면 그만인데…"

/////////

내 아버지는 공초(空超) 오상순 시인을 핑계 삼아 평생 하루 세 갑 담배를 피우셨다. 늘 어머니와 싸우셨지만 같은 말로 대응 하셨다. 공초 선생은 폐암으로 죽어 가면서도 담배를 즐기며 죽 음에 의연했다는 것이다. (시시한 삶을 초월한) '죽음에 의연', 이 표현을 특히 강조하셨다.

나를 포함해 과자, 술, 담배처럼 건강에 좋지 않은 기호 식품 을 즐기는 (중독된) 사람들이 하는 말이 있다. "얼마나 사는 인생 이라고, 이 맛있는 것을 참아서까지……." 내 친구는 식사 대신 케이크와 도넛, 캐러멜 마키아토 커피를 달고 산다. 당연히 비만 이다. 먹을 때마다 죄의식과 자기 혐오를 호소하지만 언제나 결 론은 "내 스트레스 알지? 나를 위로하는 것은 애들뿐."이라고 한다. 중독자의 심정은 비슷할 것이다. 나 역시 먹을거리에 대한 집착이 있고, 비슷한 논리로 개선할 의지도 능력도 없다. 외롭고 지루한 노동의 연속, 취미도 이동도 친밀감도 없는 일상에서 하루 종일 책상에 앉아 있다 보면, 자극적인 먹을거리에 대한 기대 외에는 시간을 견딜 방법이 없다.

소설가 정찬의 〈은빛 동전〉이라는 단편이 있다. 1960년대 가난한 시절. 주인공의 어머니는 열 식구의 생활을 꾸리느라 집안일에다 삯바느질과 찹쌀떡 장사까지 한다. 가난의 고통과 더불어 고부 갈등, 아니 시어머니로부터 이유 없는 학대까지 당하고 있다. 현모양처 규범에 충실했던 어머니로서는 말할 수 없는 괴로움이다. 그러던 어느 날 어머니는 "죽으면 그만인데 이래 살면 뭐하겠노."라며 일탈을 감행한다. 한 푼이 절실한 시절, 아들만 데리고 중국집에 가서 탕수육을 시킨 것이다. 어머니 인생의 첫 번째 일탈이었다. 두 번째 일탈은 암에 걸려 시한부 인생을 선고받자 자신을 괴롭혔던 시어머니에게 보인 극도의 거부 반응이다. 어쨌든 그날 어머니에게 탕수육은 자신의 상처를 스스로 어루만져본 최대의 유혹이었고 그 유혹을 감행한 일탈이었다.

나는 이 소설을 읽고 자기 연민에 빠져 울었다. 감히 그리고 맥락도 없는 비교지만, 나의 경우는 "이렇게 살면 뭐할까, 어차피 죽을 건데."라며 시작한 일탈이 한 번에 그치지 않고 중독자가 되어버렸다. 소설로 치면, 없는 살림에 매일 탕수육을 먹고 있는 셈이다.

중독에는 여러 가지 이유가 있다. 대단히 영광스럽거나 의미로 충만한 인생은 드물다. 먹고 싶은 것을 참고 러닝머신 위를 달리며 자기 계발에 매진하는 사람도 있지만, 보통 사람들은 기호 식품으로 일상을 버틴다. 먹는 게 건강에 나쁜가, 참는 스트레스가 더 나쁜가 갈등하지만 대개는 후자의 판정승. 특히 금연은 쉽지 않은 것 같다. 나는 친구들의 금연 결심, 금단 현상 호소, 실패, 흡연을 반복하는 '간증'에 이력이 났다. 다이어트와 금연 중 무엇이 더 힘드냐고 물으면 다들 '둘 다'란다.

행위에 대한 중독이든, 특정 성분 중독이든 갱생은 쉽지 않다. 중독에서 벗어나기 어려운 이유는 간단하다. 일시적이어서 그렇지 '약효'가 있기 때문이다. 몸은 낯선 행복보다 익숙한 불행을 더 좋아한다. 익숙함은 인간사의 대표적 부정이다. 적응(중독)된 몸은 삶의 방식이자 양식(糧食)이다.

이처럼 중독은 무조건적인 악이 아니라 생존을 위한 방편이기도 하다. 의미를 추구하는 삶의 여정에서 만난 엉뚱한(물론 때론 폭탄 같은) 친구다. 누구나 대하소설을 쓰거나 마더 테레사처럼 살다 갈 수는 없다. 몰입할, 헌신할, 절절히 사랑할 대상을 찾는 데 실패하면, 사회가 권하는 손쉬운 대상이 공허를 메워준다.

이 글의 요지. 나는 비흡연자지만 담뱃값 인상과 그 논리에 반대한다. 흡연자 입장에서는 경제적 부담도 문제겠지만, 나는 이 정책의 발상과 인간관이 더 심각한 사안이라고 본다. 기호품 중독자의 몸을 볼모로 잡고 있기 때문이다. 의지가 인간의 품격이자 '수준'을 가늠하는 근대 자본주의 사회에서 의지박약을 매일 인정하고 자책하는 국민이 많다면, 이 역시 공중 보건에 좋지 않다. 그리고 정확히 말하면, 중독은 의지의 문제가 아니라 필요의 문제다. 금연 여부는 본인의 판단에 달려 있고 그래야 성공한다.

그러나 '의지박약의 흡연자'를 낙인 삼아 세계적 추세인 금연에 대처하는 방식은 안이하다. 박근혜 정부가 담배가 주는 만큼의 위안을 줄 자신이 없다면, 담배 가격을 그대로 두기를 바란다. 익숙함이라는 인간 본성을 이용한 가격 올리기, 비열하다.

2014. 10. 24.

애도의 자격

\/\/\/\/\/\

부고 기사는 사람을 두 가지 기준으로 분류한다. 모든 이의 영면이 뉴스가 되는 것은 아니다. 그럴 필요도 없다. 부고에는 '웬만큼' 사는, 살았던 집안의 상사(喪事)만 실린다. 또한 그런 가족 중에서도 '정상' 구성원만 등장한다.

부고 기사에는 배우자, 아들, 딸, 사위, 며느리의 전·현직 직장과 직위가 병기된다. 하지만 부모가 사망해도 모든 자녀가 이름을 올리는 것은 아니다. 사랑하는 배우자를 잃었어도 나설 수 없는 이들이 있다. 이는 단지 혼외의 삶에 대한 부정을 넘어, 사실상(사실혼) 가족과 동성애자 부부 등 실제로는 가족이지만 가족으로 인정받지 못하는 이들에 대한 제도적·문화적 배제다.

상실은 보편적 경험이지만 애도는 자격을 요구한다. 그 자격은 가족 구성원으로서 역할을 다했는가에 의해 결정되지 않는다. 이름만 식구이거나 심지어 가족을 괴롭혔던 사람도 '정상 가족' 규범에 부합하면 가족으로 간주된다. 장례식장에서 심심찮

게 볼 수 있는 가족 간의 갈등이나 주먹다짐은 그러한 상황에서
비롯된 경우가 많다. 이처럼 부고란은 이성애 제도와 중산층 중
심의 일부일처제를 생산, 유지, 상기하고 이데올로기를 사실로
만들어 보도한다. 인위적 제도가 자연스러운 인생사로 둔갑하는
것이다.

삶이 불공평하듯 죽음 역시 그러하다. 애도의 위계는 말할 것
도 없다. 애도를 서열화하는 사회 제도와 문화적 인식은 매우 다
양하다. 누구의 죽음을 슬퍼하고 기념할 것인가, 죽음의 가치를
둘러싼 논쟁은 인류의 역사 그 자체다.

슬픔의 위계에 대한 가장 가까운 논쟁은 9·11 사건일 것이다.
미국에 사는 철학자 주디스 버틀러는 이 문제에 대해 용감하고
도 신선한 사유 방식을 제기했다. 버틀러는 이 사건으로 무고하
게 희생된 미국인에 대한 '전 세계적인' 애도의 물결과 미국 국
적이 아닌 사람의 죽음이 다루어지는 차이를 질문한다. 미국·
이스라엘 동맹에 의해 살해된 수천 명의 팔레스타인 사람들, 미
국 군수 산업의 소비 대상으로 내몰린 지구촌 곳곳의 국지전 희
생자들, 그리고 통계조차 잡히지 않는 혐오 범죄의 주요 타깃인
성 판매 여성, 트랜스젠더, 동성애자, 이민자……. 이들의 죽음
은 지구촌 차원의 슬픔도 아니고 죽음과 그 사연도 알려지지 않
는다. 버틀러는 반미, 미국의 패권 혹은 생명 지상주의를 논하는
것이 아니다. 죽음에 대한 차별적 인식을 질문한다. 소중한 죽음
과 무시해도 되는 죽음. 애도할 만한 인간은 누구이며 어떻게 만

들어지는가.

가족과 가족 제도는 다르다. 가족의 소중함과 가족 이기주의 역시 다르다. 또한 장례가 곧 애도는 아니다. 오늘날 장례 의례는 가족 제도의 확장인 입신양명 문화와 관련이 깊다. "정승 집 개가 죽으면 문상 가도, 정승이 죽으면 안 간다."라는 속담처럼, 장례는 죽은 이를 애도하기보다는 산 자들의 사회적 관계를 확인하는 의례다.

이것이 부도덕한 것은 아니다. 그저 세상이 돌아가는 이치의 하나일 뿐이다. 또한 세상에는 좋은 이치도 많고 아름다운 원리도 많다. 다만 '갑'이 상주일 때와 '갑' 자신이 사망했을 때, 우리의 대응이 다르다는 것을 자각할 필요는 있다. 먹고사는 것이 어쩔 수 없다 해도 이해타산이 분명한 행동을 상제(喪祭)의 윤리, 인간의 도리, 전통으로 미화할 것까지는 없다. 부고와 명절이 개인의 인생 성적표처럼 취급될 때, 즉 개인의 삶과 죽음이 가족의 지위로 대변될 때 가족은 가족을 사랑하지 않는 사람들의 집단이 되고 '나는 가족을 벗어나고 싶다'.

24절기가 중시되는 농업 사회가 아닌 오늘날 명절은 점차 휴일 개념으로 변화하고 있다. 그러나 여전히 사회의 기본 단위는 개인이 아니라 가족으로 인식되어 부고의 정치는 명절에도 노골적으로 반복된다. 일단, 설 선물은 가세의 지표다.

진학, 취업, 결혼에 대한 인사와 훈수, '걱정해주는' 친지가 고맙기만 할까. 이 스트레스에서 자유로운 사람이 있을까. '이번 명절 좋았다'는 사람은 얼마나 될까. 체면과 시선의 사회. 우리는 가해자이면서 피해자, 1인 2역을 수행한다. 성공을 향한 질주. 명절은 이 시대 인생 목표의 경연장, 아니 '면접' 심사장이다. 명절이고 가족이라는 미명 아래, 듣기도 말하기도 민망한 이야기가 만발한다. 설 명절, '조용한 가족'이 많아질수록 성숙한 사회가 아닐까.

2014. 1. 29.

'성공한 사람들'의 회식

\\\\\\\

나는 업무 차원의 식사나 여러 사람이 모이는 자리를 좋아하지 않는다. 학창 시절에도 공부 모임 후 뒤풀이는 공포였다. 가장 큰 이유는 나는 술도 담배도 못하는데, '엔(n)분의 일'의 계산법이 억울해서였다. 그리고 정식 모임이 끝난 후에 더 치열해지는 향학열이 이해되지 않았다. 진짜 세미나는 술자리에서 이루어진다. 왜 술 마시며 공부를 할까.

음식은 혼자 편안하게, 아니면 친밀한 사람들과 즐겁게 먹어야 한다고 생각한다. 얼마 전 어떤 '높은 분'이 내게 "일 이야기가 있으니 점심 한번 합시다."라고 제안해서 나는 정중하게 이메일을 썼다. "…… 영광으로 생각하지만 바쁘신 선생님의 시간을 뺏는 것은 원치 않으니……." 내 요지는 '만나지 말고 메일로 말씀하시라'였다. 그런데 무슨 한국말이 그리 어려운지 상대방은 '식사합시다'를, 나는 '메일 주세요'를 거듭하다가 결국 폭탄이 터졌다. 그는 사람 좋은 어조로 "아이고, 정 선생이 밥보다 술을 좋아하는데 서운하셨구나, 저녁으로 합시다!"라고 했다. 나는 거의 졸도할 지경이었지만 사태의 심각성을 깨닫고 '한약을 먹고 있다'는 단순한 내용을 길게 써서 보내야 했다.

한국인들이 일상적으로 주고받는 안부는 굶는 이가 줄어든 이 시대에도 "식사하셨습니까?"이고, 습관적인 인사는 "언제 한번 밥 먹자."이다. 문제는 강요되는 회식 문화. 두 사람 이상이 하는 모든 인간 행위는 각자의 처지에 따라 이해관계가 다르기 마련이다. 어떤 이에게 회식은 친목 도모와 스트레스 해소의 장이지만, 어떤 이에게는 업무의 연장이다. 대개 기혼 여성들은 제때 퇴근하기를 바란다. 자기 시간을 갖고 싶은 이들에게 한없이 이어지는 술자리는 이직을 고려할 만한 괴로움이다. 회식은 귀가를 꺼리는 일부, 주로 기혼 남성이 주동하거나 그들끼리 모임으로 이어지는 경우가 많다. 왜일까. 집에 가면 외로워서, 심심해서, 집안일이 하기 싫어서, 바빠 보이고 싶어서, 인맥 확대를 위해서……. 사연은 다양할 것이다.

삶의 질을 평가하는 기준 중 하나는 '저녁이 있는 삶'이다. 손학규 전 의원의 저서 제목이기도 한데 심각하게 읽어야 할 책이다. 우리 사회에는 '성공한 사람은 바쁘고' 집에 있는 남성은 '뭔가 안 풀린 사람'이라는 이미지가 있어서 업무 후 바로 귀가하지 않으려는 이들이 있다. 혼자 있는 시간을 견디지 못하는 이들은 의외로 많다. 특히, 남성은 여성과 어린이, 부모보다 동료들과 많은 시간을 보낸다. '퇴직 전 자녀 결혼' 강박을 보면 이들도 자신들의 우정을 별로 믿는 것 같지는 않다.

모임을 의미하는 그리스어 쿠클로스(Kuklos)에서 유래한 KKK단의 시작은 미약했으나 그 끝(?)은 지나치게 창대했다(지금도 존재한다). 처음에는 남북전쟁이 끝난 직후 남부 동맹군으로 참가했던 작은 마을의 마음 맞는 젊은이들의 장난에서 시작됐다. 전쟁이 끝나자 일상이 시시해진 이들은 한밤중의 여가 활동으로 몸에 하얀 침대보를 두르고 머리에는 베갯잇을 뒤집어쓴 채 말을 타고 시골길을 달렸다. 그러다 뭔가 '의미 있는' 일을 해보자며 결사를 넓혀 갔고 순식간에 전국 조직으로 변모했다. 나치의 전신(前身)인 자유군단(Freikorps)도 평범한 노동자들이 '마누라에게 나도 바쁘다는 것을 보여주기 위해' 퇴근 후 술집에서 벌이는 '시국 토론'이 발전한 것이다.

'일간 베스트'를 어떻게 생각하느냐는 질문을 많이 받는데, 진보와 보수를 막론하고 비생산적인 정치는 출구를 잃은 외로움과 불만의 결사인 경우가 많다. 상상(망상), 피해 의식, 자기 비하가 사회적 사명감으로 '승화된' 것이다. 여성은 남성보다 가사 노동을 많이 요구받기 때문에 어느 역사에도 '여성 KKK단'은 존재하지 않는다. 그래서 폭력 문화는 남성 실업, 아니 '남는 시간'과 관련성이 크다. 《한중일 인터넷 세대가 서로 미워하는 진짜 이유》를 쓴 다카하라 모토아키도 실업으로 인한 불안형 내셔널리즘에 있다고 본다. 시간이 있을 때 어떤 사람은 청소를 하고 남을 돕지만, 어떤 이들은 '애국'을 한다.

물론 모든 회식 문화가 'KKK단'으로 연결된다는 얘기는 아니다. 그러나 비슷한 사람들의 비슷한 시간대의 비슷한 형태의 음주 행위는 '퇴근 후 간단히 한잔'으로 끝날 간단한 문제가 아니다. 더구나 지금처럼 암묵적으로 강제된 문화라면, '건전한 음주' 이전에 그 자체로 인권 침해다.

하루 종일 많은 사람들과 부대꼈다면, 저녁에는 혼자 혹은 편안한 이들과 시간을 보내야 한다. '과도한 노동에 시달리지 않고 모두가 농부가 되고 시인이 되고 낚시를 하며 오페라를 감상하는 삶'을 스스로 거부하는 이들이 많아지고 있다. 일하고 소주 마시고 술 깨는 음료 마시고 다시 일하고……. 그렇게 제정신이 아닌 상태에서나 살아낼 수 있는 세상이기 때문일까.

2013. 12. 11.

뻔뻔하거나 우울하거나

\\\\\\

나는 연년생 삼 남매 집안의 큰딸이다. 우리 셋은 우애는 없는
데 자주 만난다. 결국 주로 싸우고 헤어진다. 며칠 전 여동생이
풀 죽은 목소리로 말했다. "난 왜 이렇게 화가 많을까……." 남
동생은 평소 말하고 싶었던 주제였는지 즉각 반응했다. "그러게
말야! 누나들은 왜 그렇게 만날 분노가 많아. 나를 봐, 화내는
거 봤어?" 그러자 여동생이 발끈했다. "야! 너, 말 잘했다. 맞아,
너는 화를 안 내. 근데 남을 화나게 하는 데 아주 선수야!"

화내는 사람, 화나게 하는 사람. 누가 더 문제일까. 인간의 감
정은 외부 자극이 아니라 개인의 반응이 결정한다. 스트레스가
좋은 예인데 다양한 척도가 있지만(1위 가까운 이의 죽음, 2위 결
혼, 3위 이사 등), 고통은 개인의 스트레스 내성(耐性) 능력에 따
라 달라진다. 즉 화나는 일이 있어도 화를 안 낼 수 있다는 것이
다. 그러나 이는 개인에게만 초점을 맞추는 일부 심리학의 입장
이고, 한편으로 분노는 정의감이자 힘이기도 하다. 정당하게 분

노할 일이 있어도 우아하고 차분하고 세련되게 대응해야 한다는 통념은 가해자의 이중 메시지다.

나르시시스트는 다르다. 자기 도취의 특징은 안하무인. 나쁜 뜻이 아니라 주변에 타인이 없다는 착오에서 자기만 생각하기 때문에 스트레스가 덜하다. 나르시시즘은 자기 방어에서 시작된다. 취약한 자아가 오만이라는 방식으로 수치심을 잊는 것이다. 타인의 존재를 망각하고 홀로 궁궐에 산다. 주지하다시피 '공주병', '왕자병'이 초기 증세다.

그러나 최근 나는 위에 적은 상식적인 심리학의 시대가 지나갔음을 느낀다. 이해, 분석, 설명이 불가능한 인간들이 등장하기 시작한 것이다. 작은 사건 하나. 승객이 적은 지하철 차량 안에서 10여 분간(긴 시간이었다) 큰소리로 통화하는 사람이 있었다. 모두 고역인 채 얼굴만 쳐다볼 뿐 방관했다. 한 승객이 "좀 조용히 말하라."라고 했다. 그의 반응은? 더 큰 목소리로 "네가 다른 자리로 가!"라고 했다. 홀로 용기를 냈던 그는 다음 역에서 내렸다. 나는 죄책감을 느꼈다.

1995년 수하들을 앞세우고 '골목 성명'을 냈던 '전두환 형(型)'에서 시작해, 뻔뻔스러움은 이명박 정권 시절에 절정을 이루었고 한국 사회의 지배적인 관계 원리로 자리 잡은 듯하다. 이는 특정 인물에 대한 역사적 평가와는 별개로 일종의 캐릭터다. 어떤 사람들은 강함, 자신감, 당당함이라고 표현하는데, 나는 전두환 씨보다 이렇게 말하는 사람이 더 무섭다. 뻔뻔스러움은 강한 나르시시즘에 가깝지만 이 시대의 뻔뻔함은 단순한 자기 도취가 아닌 새로운 시대의 새로운 인간성이다.

본격적으로 뻔뻔함을 생각하게 된 계기는 MB 정권 초기 장관 인사 청문회였다. 적반하장이란 말도 어울리지 않는 소통 불가 상태. 모 장관 후보자는 자녀의 의료 보험료 미납이 문제가 되자 "미국에서 공부하고 나중에 한국에 들어와서 애국할 애를 격려하지는 못할망정……"이라며 눈물을 보였고, 땅 투기 의혹을 받은 후보자는 "땅을 사랑할 뿐"이라고, 건물 수십 채를 소유한 후보자는 "남편의 사랑의 선물일 뿐"이라고 말했다.

이들의 뻔뻔함은 자기 보호를 위한 위악(僞惡)이 아니다. 진정성 넘치는 자기 확신이다. 또한 이들은 약간의 조증(躁症) 상태로 자신감 넘치는 즐거운 생활을 한다. 상대가 강자냐 약자냐에 따라 얼굴 표정이 급변하는 '재능'도 있다. 이들은 정신병자가 아니다. 건강하다. 정신병은 뻔뻔한 사람에게 피해 입은 착한 사람들이 걸린다. 자신의 지나친 자신감을 불편해하는 이들을 무능하다고 비웃으며 성공에 강한 집념을 보인다. 사과나 양보를 굴복으로 생각한다. 양심과 윤리, 부끄러움은 자신의 질주를 방해하는 도로의 불필요한 표지 같은 것이다.

한편 보통 사람들은 이들에게 분노를 느끼면서도 그들의 고통받지 않는 상태, '강함'을 욕망한다. 나는 뻔뻔한 사람이 잘사는 사회에 대한 분노, 억울함, 정신 분열이 힐링 열풍의 근원지라고 생각한다. '일베'도 뻔뻔함을 자기 비하와 약자 혐오 놀이로 '승화'시킨 현상일지 모른다.

사회 구조는 인성을 창조한다. 르네상스적 인간, 근대적 인간, 자본주의형 인간이란 말이 있는 이유다. 정부는 사회 구성원의 공존을 위한 인프라를 민영화 논리로 파괴하고, 기업은 승자 독식의 모범을 보여준다. 생존은 오롯이 개인에게 떠넘겨졌다. 돈과 성공이 최고 가치고 미모, 행복, 마음의 평화까지 갖춰야 하는 사회다. 이것은 바람직하지도 않지만 일단 불가능한 일인데 사람들은 맹렬히 추구한다. 억울하면 출세하라? 억울한 일이 있으면 바로잡으면 되지, 출세까지 해야 되나. 어떻게 살 것인가가 고뇌가 아니라 결단인 시대가 되었다. 새벽부터 자정까지 자기 계발에 매진하거나 자발적으로 포기하고 다른 세상을 살거나. 이 역시 양극화. 나처럼 뻔뻔할 능력도 없고 그에 맞서지도 못하는 어중간한 사람은 세상을 피한다. 뻔뻔하거나 우울하거나 도피하거나.

2013. 6. 7.

행복한 권력자

\\\\\\\\\\

　이명박 전 대통령은 임기 일 주일을 남기고 한 라디오 연설에서 "5년간 행복하게 일했다."라고 마지막 인사를 했다. 사저가 있는 서울 강남구의 신연희 구청장은 "이 대통령은 5년이란 찰나의 순간에 경제대국, 수출대국, 문화대국, 체육대국, 관광대국이란 위업을 달성했다. 최고 반열의 평가를 받을 거라 확신한다."라고 말을 보탰다.

　'행복했다'. 정말 행복했다는 소회인지 의례적인 수사인지 모르겠지만 내겐 생소했다. 솔직히 말하면 놀라움과 두려움을 느꼈다. 집권 초기부터 이 전 대통령은 본인의 이미지와 맞지 않는 의외의 단어를 구사했다. 애초에 국민이 그에게 기대한 것은 민주주의나 부패 척결이 아니었다. 그의 당선은 그의 재산 형성 과정에서 보여준 '능력'을 보고, '우리도 당신처럼 잘살게 해 달라'는 서민들의 욕망에 기인한 바 크다. '우리'는 그와 함께 모두가 부자 되는 세상을 공모했다.

이런 상황이었기에 '녹색 성장'이나 '공정한 사회'는 뜬금없는 말이었다. 서사의 하이라이트는 정권 막판에 나온 '역사상 가장 깨끗한 완벽한 정권', '국격이 최고조에 이른 시기', '나는 행복합니다' 같은 말이었다. 그가 도덕성처럼 '고상한' 가치까지 전유하기보다 '소박하게' 원래 약속했던 경제 지상주의에 부합하는 치적(예를 들면 평창 동계올림픽 유치?)을 내세웠더라면 그나마 위로가 됐을 것이다. 나는 이런 발언을 하는 사람들의 '망탈리테', 즉 무의식적 정신 상태가 궁금하다. 지금 우리 사회는 아픔, 고통, 슬픔과 같은 단조(短調)의 정서는 회피하고 심지어 실패와 낙오의 상징으로 생각하는 사람들이 많다.

이 전 대통령이 일개 시민이라면 그의 언어들은 발랄한 조증(躁症)이거나 다행증(多幸症), 허언공상(虛言空想), 과대망상으로 치부할 수 있다. 행복감이 지나친 사람이나 허풍이 심한 사람은 타인에게 웃음을 주거나 웃음거리가 된다. 하지만 국정의 최고 책임자가 느끼는 행복감은 간단한 문제가 아니다. 대통령은 행복했지만 국민은 불행했다면, 권력자의 행복감은 자기 도취를 넘는 '가해자'의 두꺼운 얼굴이다. 후안(厚顔)이 지나치면 본래 얼굴(정체)을 알 수 없다. 생각을 파악할 수 없는 권력자, 두려운 법이다.

나는 이 글에서 취임 직후 6개월간의 촛불시위, 용산 참사, 4대강의 녹조, 빈부 양극화, 쌍용차 사태, 강정마을 상황을 언급하려는 것이 아니다. 정당, 세대, 계층을 막론하고 지금 우리가 행복하다고 느끼는 사람은 드물 것이다. 빈발하는 자살은 살인적인 경쟁, 승자 독식, 약자에 대한 모욕이 부른 사회적 타살에 가깝다. 나더러 이명박 정부를 한마디로 표현하라면, 출범 초기 어느 시위대의 구호를 들겠다. "경제는 나중에 살리시고 우선 사람부터 살려주세요!"

영화 〈밀양〉(2007년)에서 아이를 죽인 살인범은 아이 엄마에게 이렇게 말한다. "저는 주님의 도움으로 마음의 평화를 찾았는데, 당신은 왜 그렇게 고통스러워하십니까? 남을 미워하지 말고 용서하고 마음의 평화를 찾도록 제가 기도해드리겠습니다." 행복한 가해자가 고통에 몸부림치는 피해자에게 회개를 설교하는 상황. '기(氣)가 막힘'을 넘어서는, 자신이 누구인지 몰라서 발생하는 '악'의 새로운 경지다. 타인과의 관계에서 자기 위치를 모르는 사람처럼 독을 뿜는 존재는 없다. 다른 말로 하면, 말하는 자기에 대한 인식 능력이 전혀 없기 때문에 누구에게나 아무 말이나 한다.

행복은 세상에 널리고 널린 '타령'이지만 누구나 향유할 수 있는 가치는 아니다. 행복은 사회와의 관계에서 조율되고 감각되는 생각이지 혼자 선언할 수 없다. 하물며 그 관계가 통치자와 국민이라면 말할 것도 없다. 인간은 타인과 엮여 있어서 개인의 행복은 독자적으로 존재할 수 없다. 대개 '너의 불행은 나의 행복'이 된다. 우리가 살고 있는 자본주의 구조 자체가 상생의 원리와 반대로 작동하기 때문이다. 뺏고 빼앗기는 제로섬(zero sum) 논리가 질주하는 사회다. 이런 사회일수록 정치는 절실하다. '행복한 대통령'과 대통령은 상반되는 말이다. 대통령은 불행하기 쉬운 사람들을 돌보고 책임지는 공무원이지 개인이 행복하기 위한 자리가 아니다. 당당함, 자신감, 행복감은 대외 관계(특히 미국)에서 필요한 것이다. 국민과의 관계에서 리더의 염려와 자책은 아무리 넘쳐도 부족한 미덕이다.

경쟁 사회에서 구성원들의 행복이 충돌하지 않고 비켜 가기만해도 다행스러운 일이다. 그러므로 다양한 행복 개념이 필요하다. 죄책감, 후회, 회의, 타인의 고통에 공감하는 능력은 행복만큼이나 소중한 가치다. 이는 특히 지도자에게 필수적인 덕목이 아닐까. 특정 대통령에 대한 이야기가 아니다. 회한에 잠겨 성찰하는 인간을 실패한 리더라고 생각하는 국민은 없다.

2013. 3. 15.

휴대전화 신분증
\VVVVV\

소중하다 못해 절실한 지면을 필자의 하소연으로 낭비하는
것은 반(反)사회적 행위다. 하지만 일종의 '항복기', '패전기'도
아주 의미가 없지는 않다는 생각에 용기를 냈다. 보름 전쯤 휴
대전화를 분실했다. 스마트폰도 아니고, 구입한 지 5년 넘은, 주
변에서 "비닐 봉지로 감은 고장 난 냉장고"라고 성토했던 2G 휴
대전화다. 원래는 휴대전화가 없었는데 어머니가 병원에 계시면
서 만들게 되었다. 이후 해지하기가 귀찮아 서랍에 넣어 두었다.
해지 노력을 전혀 하지 않은 것은 아니다. 그런데 해당 통신사에
전화할 때마다 10단계(과장이 아니다)가 넘는 음성 메시지에 질려
번번이 포기하고 말았다.

실은, 나는 대외적으로는 휴대전화가 없는 사람으로 알려져
있다. 전화 통화를 좋아하지 않는 데다가 간수하기도 힘들고 그
외에 다른 개인적인 이유도 있다. 그동안 나는 모든 소통과 연락
을 전자우편으로만 해 왔다. '프리랜서(비정규직)' 주제에 휴대전

화가 없다니……. 악명이 높았다. "네가 대통령이냐, 그렇게 잘 났냐?"에서부터 "존재 자체가 민폐", "연락 안 되는 네가 지구에서 사라져라.", 심지어 "사회악"까지. 지인들로부터 일상적으로 밥만큼이나 욕을 얻어먹고 살았다. 내게 처음 강의나 원고 섭외를 하는 사람들은 대개 "골탕 먹었다"며 분노를 감춘(?) 항의를 하지만, "실은, 의뢰하는 쪽에서도 전화보다 메일이 좋다, 통화는 부담스럽다."라고 말하는 이들도 상당히 많다.

어쨌든, 휴대전화를 분실한 후 며칠 동안은 이번에야말로 휴대전화를 없앨 기회라고 생각하고 좋아했다. 그러나 그러한 기대는 나의 기호 차원의 문제가 아님을 깨달았다. '생계냐, 휴대전화냐', '생잔(生殘)이냐, 휴대전화냐'라는 기로에 서게 된 것이다. 일단, 시계가 없어졌다. 강의 때문에 필요한 기차표, 비행기표 예매에 실패했다. 급한 책 구입, 프린터 토너 구입, 생활협동조합 물품 구입이 모두 불가능하거나 극도로 불편하게 되었다. 온라인이고 오프라인이고 모든 타인은 내게 휴대전화 번호를 요구했다. 먼저 휴대전화 번호부터 입장시키라는 식이다. 휴대전화가 없다고 하면, 내 옷차림과 나이 등을 가늠하여 '노숙자', 무적자(無籍者), 심지어 이상한 사람(간첩? 미친 여자?) 취급하는 곳도 있었다.

결정적인 사건은 며칠 전 주택가에 자리 잡은 평화 운동 단체에 강의를 갔다가 장소를 찾는 데 실패한 것이다. 40여 분을 '강사복'(평소 차림이 아닌, 내겐 불편한 간이 정장에 굽이 있는 구두) 차림으로 걷고 또 걸었다. 저녁 8시 강의였는데, 7시 20분경부터 어둡고 찬바람 부는 침침한 서울의 주택가에서 길을 잃은 것이다. 다른 지방도 아니고, 내가 태어나고 자라고 살고 있는 서울에서 말이다. 인적도 없고 가게도 없었다. 도심에서 조난당한 것이다.

내가 찾아 헤맨 것은 강의 장소가 아니라 공중전화였다. 나는 마치 영화에서 납치당했다가 탈출한 여자처럼 미친 듯이 도로와 불빛을 찾아 헤맸다. 강의 장소로부터 점점 멀어져 어디인지도 모를 다른 동네에 가서야 공중전화를 찾았다. 감격과 안도의 눈물이 흘렀다. 그런데 이 전화가 카드만 삼키고 빨간 글씨로 '7777777……' 표시를 내더니 금세 불통. 이번엔 눈물조차 나지 않았다. 나는 경찰의 도움으로 구조되어 강의를 무사히(?) 마쳤다.

다음 날, 휴대전화를 구입하러 나섰다. 그런데 무슨 불법 무기를 사는 것도 아닌데 번거로움이 많았다. 스마트폰만 취급하는 가게가 대부분이었다. 결국, 가게 측의 "단종 어쩌고저쩌고…… 스마트폰으로 하시죠."라는 연설을 10여 분 듣고 난 후에야, 겨우 주문 제작(?)하여 며칠 후에야 '효도폰'이라는, 주로 노인들이 사용하는 기기를 구입할 수 있었다.

서두에 썼듯이 소중한 지면에 이런 이야기를 늘어놓는 것은 민망한 일이지만, 나로서는 분노를 참고 나름 매우 간략하게 쓴 것이다. 휴대전화를 사용하지 않아서 생기는 에피소드는 끝이 없다. 가장 큰 문제는, 미안한 얘기지만, 나에게 연락이 안 된다는 타인들의 고충이 아니라 한 인간의 일상이 불가능하다는 점이다. 이동과 기본 소비 생활, 나를 증명할 그 모든 것이 주민등록증이 아니라 이동 통신 기기인 것이다. 주민등록 거부 운동, 지문 거부 운동 이전에 휴대전화 거부 운동을 해야 하는 것이 아닐까?

여담이지만, 내가 하는 사회를 위한 유일한 실천은 물건을 사지 않는 것이다. 그래서 먹을거리 외에는 거의 구입하지 않는다. 기본적인 가구도 없다. 승용차는 물론 운전면허증도 없고, 텔레비전, 헤어 드라이기, 전자레인지 등 가전 제품이 없다. 어머니가 돌아가신 후 냉장고도 사용하지 않는다. 휴대전화 없는 생활이 그토록 비난받고 불편을 감수해야만 하는 '특이한' 삶인가? 내 생각에는 더 특이한(게다가 '바람직하지 않은') 생활을 하는 사람들이 훨씬 많다.

현재 한국 사회에서 스마트폰은 통신 기기가 아니라 신분증, 시민권(membership) 증명서다. 휴대전화 번호가 없으면 어느 세계에도 접속이 불가능하다. 초중고생, 군인까지 휴대전화를 사용한다. 중환자, 노인, 교도소 생활자(죄수)는 덜(?) 사용할 것 같다. 연예인이나 정치인, 혹은 스스로 바쁘다고 생각하는 사람들은 여러 대의 휴대전화가 있으니, 마치 이중 국적(나쁜 의미가 아니다)처럼 시민권이 여러 개인 셈이다. 휴대전화와의 관계가 개인이 사회와 맺는 방식과 수위를 알려주는 것 같다.

시민권은 다소 추상적인 인권 개념의 대안으로 제시된 성원권 개념이다. 규모나 제도가 복잡한 사회, 큰 사회든 작은 사회든 (국가, 마을, 모임, 커뮤니티, 공동체) 모든 사회적 행위(gathering)에는 구성원임을 증명하는 표식이 있다. 그 표식은 이데올로기나 가치관, 신앙, 사상이 될 수도 있고(민족주의, 여성주의……), 구체적인, 그러나 일시적인 경험에 근거한 것일 수도 있고(해병대나 동문회……), 취미, 이익처럼 특정 목적을 공유하는 결사일 수도 있다(회사, 산악회……). 계 모임, 세미나 그룹, 카드 회원, 학파, 혹은 공주라고 생각하는 '예쁜 여자'들의 모임과 이와 비슷하게 성별화된 남학생들의 모임, 멘사 회원, 식도락 동호회까지 인간이 만든 사회는 끝이 없다.

모든 모임에는 느슨하든 그렇지 않든 성원임을 증명하는 표식과 지켜야 하는 규율이 있다. 증명서(회원증) 발급이나 일정한 특혜를 주는 것이 그러한 예이다. 성원임을 증명하는 유무형의 방식이 있는 것이다. 골프장 회원권, 헬스장 회원권같이 직접적으로 무엇인가를 소유하는 방식도 있고, 의식은 공유하되 조직은 되어 있지 않은 '벤츠 승용차 소유자 협회' 같은 방식이 있을 수 있다("나는 벤츠를 탄다!").

내가 속한 커뮤니티들은 '주류 사회'와는 다른 언어를 사용한다. 예를 들어, 일반적으로는 누가 결혼한다 그러면 보통 "뭐 하는 사람이냐? 언제 하냐?" 이렇게 묻지만, 내 친구들은 "여자야? 남자야?"라고 묻는다. 만일, 전자처럼 질문한다면 내가 속한 모임의 성원이 되기 어렵고, 그런 경우도 거의 없다.

내 주변에는 주로 '정치적 올바름(political correctness)'이나 특정 분야의 지식을 공유하는 커뮤니티가 많다. 그래서 논쟁을 빙자한 혹은 논쟁의 결과로 갈등이 잦다. 사실, 만날 싸우는데 나와 내 친구들은 그렇게 다투는 재미로 산다. 이런 경험은 누구에게나 있다. 누군가와 대화하고 친해지고 싶기 때문에, 그런 그룹에 속하고 싶기 때문에 외국어나 특정 분야의 공부를 열심히 하는 것이다.

구별 짓기는 이처럼 의식, 취향, 물건 소유 여부, 생활 방식 면에서 목적 의식적으로, 배타적으로 행위하는 것을 말한다. 자본주의와 결합한 대표적인 구별 짓기가 명품, 한정판 구입이고 사람들은 이에 '저항'하기 위해 '짝퉁'으로 맞선다(?).

내가 고등학생이었던 1980년대는 한국 사회에 처음으로 운동화 브랜드가 등장하여 '횡행'하기 시작했다. 한 반에 몇 퍼센트 정도(지역에 따라 달랐겠지만)는 나이키, 프로스펙스, 아식스 신발을 신은 아이들의 보이지 않는 '모임이 있었다'. 그렇지 못한 다른 아이들은, 그 '상상의 공동체'에 들어가기 위해 부모들을 무던히도 괴롭혔다. 어떤 공동체가 있으면, 그런 공동체를 욕망하는 사람이 있고 경멸하고 조롱하고 혐오하고 비하하는 사람도 있기 마련이다. 나는 후자였지만 그 생각을 공유하는 커뮤니티를 조직화하지는 않았다.

문제는, 성원권이 무엇인가를 구입하고 소유하는 식으로 변화되기 시작했다는 점이다. 인간의 범주에 포함되기 위한 전통적 인권 운동("여자도 인간이다.")이나 이주 노동자의 시민권 획득을 위한 불평등한 법 개정 투쟁도 한편에서 여전히 진행 중이지만, 어떤 생각을 공유하거나 물건을 소유함으로써 성원권을 얻는 방식이 대세를 이루게 된 것이다.

성원권을 획득하는 방식의 변화는 매우 중요한 문제이다. 기존의 '정당한', '정상적', '온당한', 사회적 기득권을 얻는 방식은 노동 주체이거나 공부 주체가 되는 것이었다. 노동하거나 공부함으로써 '사람'이 되고 사람다운 대접을 받는 사회였다(입시 교육은 그 '부작용'이다). 그러나 지금 우리 사회에서 주체가 되는 방식은 소비와 외모 관리 분야이다.

지금 10대와 부모 세대의 많은 갈등이 이 부분에서 발생하고 있다. '내가 내가 되는 것', 내가 이 사회의 구성원으로 인정받는 것은 공부나 일을 통해서이기도 하지만, 특정 메이커의 운동화나 의류, 스마트폰을 구입함으로써도 가능해지고 있다. 이전과는 달리 공부는 오히려 그 구매의 대가, 보상 행위로서 자녀가 부모에게 '해주는' 일이 되었다.

지금 교육(공부)이 국민의 4대 권리라고 말하면, 거의 모든 청소년들이 들고 일어날 것이다.(나는 이에 동의한다.) 한국의 청소년들에게 공부는 권리는커녕 억압이자 중노동을 의미한다. 그러나 여전히 가난한 사회의 청소년들, 한 시간에 몇 센트를 벌기 위해 학교에 다니지 못하는 어린이나 청소년들에게 공부는 권리여야 한다. 현재 한국 사회에서 청소년들이 사회적 주체가 되는 방식은 노동이나 공부보다 소비와 외모 가꾸기이다. 소비 활동을 하고 외모 관리에 매진함으로써 또래 집단의 구성원으로, 정상적인 성원으로 인정받는다고 생각한다. 공부를 안 해서 문제가 아니다. 부모의 계급이 성원권 여부에 결정적이라는 데 근본적 문제가 있다.

자본주의가 그 어떤 장벽도 없이 전 지구적으로 작동하고, 정보 통신 '혁명'이 본격화된 1990년대 이후 CNN 같은 매체는 지구 성원권을 새롭게 구성하는 그물망으로 떠올랐다.

예전에 시민권 논쟁은 정치적이었다. 서구 여성들은 참정권을 획득하기 위해 무려 200여 년간 우리 사회의 1980년대 같은 투쟁을 지속했다. 여성 참정권 획득을 위해 많은 여성들이 분신을 감행하고, 매일 가가호호 방문하여 설득했으며, 여성 참정권론자들은 남성 우월주의 세력에 의해 살해당하거나 강간당하곤 했다.

지금은 인간의 범위, 시민의 자격을 둘러싼 구조적인 불평등에 대한 개선 노력 없이도 쉽게 성원권이 보장되는 사회다. 가장 기본적인 시민권이라 할 수 있는 국가에 대한 주민으로서 등록이 통신사의 회원권으로 대체된 것이다. 휴대전화는 '저렴한 가격'으로 '평등권'을 부여했다. 우리는 민간 기업에 불필요하고 엉뚱한 '주민등록 비용'을 자발적으로 지불하는 시대에 살고 있다. 국가 대신 통신사가 세금을 걷는 것이다. 국가의 역할을 자본주의가 대신하고 있다. 민영화. 문제는 그 역할이 책임이 아니라 돈벌이라는 점이다.

프랑스 철학자 미셸 푸코는 중세와 근대 자본주의 국가의 가장 큰 차이를 통치 방식을 기준으로 구분했다. 중세에는 국가가 국민을 직접적으로 억압하고 처벌하고 공포를 조장함으로써 통치했다면, 근대 국가는 억압이라는 적극적 행위 대신 국민을 방치함으로써 통치한다는 것이다. '아무것도 하지 않음'이 곧 통치라는 것이다. 국가의 기본 역할인 의료, 교육, 에너지 분야 등 공공 서비스를 민영화하고, 국민은 자발적으로 자신을 착취하는 계급에게 동일시 욕망을 품는다. 이렇게 되면, 국가는 아무것도 하지 않아도 사회는 '안정'된다. 자발적 종속이 국가의 책임을 완전히 면제해주는 것이다.

휴대전화로 공중전화가 사라졌다. 이는 언뜻 비용 절감, 합리적인 정책 같지만 '우리'가 만든 새로운 통치 체제다. 과학 기술, 자본, 소비라는 개인의 자유 의지의 합작품인 것이다. 첨단 기술이 인간을 자유롭게 한다는 생각은 기업의 대대적 광고로 인한 착각이다. 공중전화처럼 공공 영역의 서비스가 이런 방식으로 자연스럽게 사라진다면? 인간과 기본권의 정의가 자본에 의해 좌우되는 사회가 도래할 것이다. 아니, 이미 도래했다.

2013. 여름

4장

고통에 대하여

마음 둘 곳

∧∧∧∧∧

며칠 전 어느 단체의 송년 모임에서 간단한 강의를 했다. 나는
'올해 지구촌 뉴스'를 전하면서 "박근혜, 트럼프보다 더한 인물
이 다음 우리의 대통령이 될 수도 있다."라고 말했다. 청중석에
서 비명 소리가 나왔다. 박근혜·최순실도 충분히 끔찍한데, 더
나쁜 사람이 나올 수도 있다고 하니 놀란 모양이다.

'박·최'에 대한 국민의 분노가 국정 파탄, 부정부패 때문만은
아닐 것이다. 그들은 구토를 부르는 인간의 모습이 어떠한가를
보여주었다. 나는 개인적으로 분노보다는 인간의 사회성에 대한
한계와 절망을 느꼈다. 독점한다는 의미의 '농단(壟斷)'은 적절한
표현이 아니다. 최순실 씨 일가가 박태환 선수 협박부터 무기 구
입까지 손을 뻗지 않은 곳이 없으나, 그들이 집어삼킨 것은 좁은
의미의 국가 권력(청와대)이 아니라 사회 전체다. 그들은 '우리'
에게 깊은 자상을 남겼다. 이번 사태가 새누리당 해체나 정권 교
체 차원에 머물러서는 안 되는 이유다.

인간관계, 사회성, 민주주의를 해결해주는 과학 기술은 왜 등장하지 않은 것일까. 기왕 인공 지능이 필요하다면 바둑이나 소설 쓰기 실험 대신 인간의 가장 어려운 문제인 도덕성을 조절해주었으면 좋겠다는 공상을 해본다. 삶의 꼭대기에 부와 성공, 물질적 욕망이 등극한 지 오래다. 하지만 실제로 사람들이 절실하게 필요로 하는 자원은 감정의 연대다. 덜 외로운 상태. 스트레스 덜 받는 일상. 자기가 속한 곳에서 인정받는 것. 한국인들이 인간관계의 고통과 불쾌한 기분을 해소하기 위해 쓰는 비용은 만만치 않다. 세계 최고의 1인당 주류 소비량, 국민총생산 대비 최대 규모의 성 산업, 쇼핑 중독.

〈빵과 장미〉(켄 로치 감독)라는 영화가 있지만, 둘은 다르지 않다. '빵'도 '장미(인간으로서 존엄)'의 힘이다. 의식주는 유대와 배려 속에서 생산된다. 정의가 힐링이다. 바람직한 사회 제도 역시 선의의 인간이 운용할 때만 인프라로서 힘을 지닐 수 있다. 박근혜 · 최순실 게이트는 어쩌면 대한민국에서는 이 모든 것이 영원히 불가능할지도 모른다는 두려운 증명 같았다.

나는 휴대전화를 사용하지 않기 때문에 이메일을 많이 받는다. 이런 사연이 적지 않다. "저의 이번 생은 망했다는 생각을 자주 하는데, 요즘은 특히, 마음 둘 곳이 없는 중에, 하소연합니다. 별반 내용도, 목적도 없는 메모가 되고 말았지만…… 죄송합니다."

광장은 불신의 시대에 유일하게 마음을 주고, 나누고, 두고 올 수 있는 안전한 곳이 되었다. 광장에 모인 수많은 사람들의 동기와 생각이 같을 리 없다. 광장의 축제는 일상의 프로작(우울증 치료제)이기도 하다. 어쩌면 촛불은 밤의 시위가 아니라 낮의 우울을 밝히는 데 더 긴요한지도 모른다. 이런 촛불이 "바람 앞에 쉽게 꺼진다"고?

마음 둘 곳. 마음을 두는 곳은 어디인가. 나는 한때 이데올로기에 마음을 두었고, 한때는 사람에게 마음을 두었지만 지금은 없다. 나의 거처는 나 자신이어야 하는데, 그렇지 않으니 나 역시 있을 곳이 없다. 옆을 기웃거리게 된다. 외로움과 혼자임은 무관하다. 문제는 자기 충족적인 건강한 외로움이 아니라 불안하고 고립된 느낌이다. 외로운 사람이 취약해질 수밖에 없는 이유는 외로워서가 아니다. 외로움 자체는 죄가 없다. 사회가 따뜻하다면, 외로움은 절실한 연대의 근거가 된다. 그런데 경험하다시피 현실은 외로운 사람을 이용한다.

살 만한 현실이 중력처럼 나를 붙잡아주면 좋으련만 세상이 썩었으니 그 끈도 위태롭다. 예전에는 종교에 몸을 맡기는 이들이 많았지만 지금은 기복은커녕 위안도 되지 못하나 보다. '종교가 없다'는 한국인이 56퍼센트가 넘는다. 마음 둘 곳을 찾아 헤매다가 방황을 멈춘 이들의 결심, 대한민국의 자살과 우울은 상상 이상이다.

마음 둘 곳이 없는 상황은 몸(존재)을 둘 곳도 없다는 뜻이다. 우리말 "몸 둘 바(所)를 모르겠습니다."는 겸양, 민망, 사과의 의미다. 내 몸이 차지하고 있는 작은 관짝만 한 공간조차 아깝고 부당하다는 자학의 뜻이다. 그런데 비유적으로 '죄송하다'는 의미 말고, 글자 그대로 실제 몸을 둘 곳이 없는 상태. 이것은 외로움을 넘어 존재의 위기다. 나는 어디에 있어야 적합한 사람일까. 타인과 세상에 민폐가 되지 않을까. 진로를 정하지 못한 이들의 스트레스가 이것이다. 자기 몸 둘 곳이 없는 사람에게 사회는 '눈으로 레이저를 쏘며'('눈총'에 대한 어느 청소년의 표현인데 실감 났다) 한심하게 여긴다.

나를 포함해서 마음 둘 곳도 몸 둘 바도 없는 이들은 어떻게 살아야 할까. 많은 젊은이들이 자신이 잉여 신세임을, 그렇게 될 가능성이 높음을 알고 있다. 자기 계발도, 힐링도 속임수라는 것을 안다. 거기에 투자할 돈도 없다. 다른 쪽 사람들, 고령화 사회에서 나이 들어 가는 이들의 심정은 또 다른 서러움이다. 세상이 계속 '당신의 존재 자체가 사회 문제'라고 하면? 고령화 대책은 좋은데, 그럴 때마다 '실제' 고령인 사람의 심정은 어떻겠는가. 나는 그들과 동일시된다.

나의 결론. 한 사람에게라도 의미 있는 사람이면 되지 않을까. 쓸모가 '생산과 건설'로 지구를 망치는 일이라면, 쓸모의 의미를 재규정하면 되지 않을까. 내 마음 둘 곳을 찾지 말고, 쉽지 않겠지만 남들이 마음을 둘 수 있는 사람이 되어보자. 이렇게라도 생각을 묶어 두어야 새해를 감당할 수 있을 것 같다.

2016. 12. 26.

망자의 몸은 누구의 것인가

////////

미국 샌프란시스코의 금문교 위에서 수면까지의 거리는 70미터다. 이곳에서 떨어졌을 때 생존 확률은 1퍼센트, 통념과 달리 익사는 극소수고 대부분은 몸이 수면에 부딪칠 때의 마찰 강도로 인해 사망한다고 한다. 척추가 절단될 정도의 힘이다. 상선약수(上善若水), 좋은 것은 물처럼 부드럽다는 말도 있지만 물의 힘은 생각보다 세다. 쓰나미, 해일 같은 재해를 상기하지 않더라도 물고문, 고수압 호스의 사례처럼 물은 유서 깊은 무기다.

물로 만든 총기, 이른바 '물대포'는 물의 마찰력을 극대화한 병기다. 물대포를 '얼굴 정면에 집중적으로' 맞고 쓰러진 백남기 씨가 317일 동안의 사투 끝에 사망했다. 예상대로 경찰과 유가족, 시민들은 그의 시신을 놓고 갈등 중이다. 검경은 '조건부 부검 영장'이라는 간접(?) 시신 탈취를 시도하고 있다. 사망 원인을 물대포가 아니라 '질병사'로 적는다고 해서, 경찰의 잘못과 의도가 면책되는 것도 아니고 그렇게 생각하는 시민도 없다.

시신 탈취. 공권력에 의한 사망 사건이 발생하면 어김없이 등장하는 상황이다. 원인 조작과 책임 회피 외에 국가가 시신을 소유하려는 이유가 있을까. 국가의 시신 탈취는 개인의 몸과 사회의 관계를 잘 보여준다. 국민은 평등하지 않다. 평소 국가가 무연고자, 노숙인, 신원 미상의 시신에도 이 정도로 관심이 많았던가. 개인의 몸도, 국가도 중립적이지 않다.

국가는 국민을 선택적으로 다룬다. 생사여탈을 결정하든가 그냥 내버려 둔다. 국가는 자기 이해에 따라 국민을 적으로 대한다. 백남기 농민 물대포 사건 초기에도 엉뚱한 논란이 있었다. 국가와 일부 언론은 백남기 씨가 농민(민중)이냐, 대학을 나온 농민 운동가(지식인)냐를 놓고 피해를 저울질했다. 평소에는 농민을 무시하더니, 농민이면 순수한 참가자고 농민 운동가면 불순 세력인가.

시신 탈취는 고인에 대한 예의와 함께 인간의 몸에 대해 근본적인 질문을 하게 한다. 죽은 자의 몸은 누구의 것인가? 산 자의 몸은 그 사람의 것이자 그 사람 자체다. 그런데 사람이, 내가, 그녀가, 그가 없어졌다. 살아 있던 몸(social body)의 당사자는 사라졌지만, 서서히 사라질 몸(body)만 남은 상태. 움직이지 않지만 그렇다고 없는 물질도 아니다. 인간은 자연에서 왔다. 다시 그곳으로 간다. 결국 죽은 사람의 몸은 자연의 것이다. 몸은 자연이 된다. 다행스럽게도 우리의 지구는 그 누구의 소유도 아니다.

죽은 몸의 소유권은 자연에 있지만 망자가 자연으로 돌아가는 여정은 가족과 지역 사회, 국가처럼 인간이 만든 제도의 도움 혹은 훼방을 받는다. 우리가 흙으로 돌아가는 과정에는 정치와 권력, 사회·문화적 관습이 있다. 이 과정에서 일어나는 일들은 다양하다. 대부분의 현대 사회에서 망자의 시신은 일차적으로 가족에게 소유와 관리의 책임이 있다. 망자의 여정이 모두 같지는 않다. 가족 구성원이 죽었을 때 드러나는 가족 간의 불화에서 보듯 가족 제도 자체가 많은 문제를 안고 있다. 한평생을 파트너로, 간병인으로 함께한 동성 배우자의 경우 장례식장에 참석하지도 못하거나, 인연을 끊었던 '가족'이 갑자기 등장해 재산 분쟁을 하는 경우가 대표적일 것이다.

문제는 국가다. 국가에게 산 자, 죽은 몸은 모두 임의적인 대상일 뿐이다. 시위 현장에서 사망한 경찰은 국가가 '공동체를 위한 죽음'으로 인정해 보상과 공식적인 예우를 갖춘다. 근본적인 문제는 국민의 몸을 국가의 소유라고 보는 발상이다. 범죄와 관련하여 사법 절차에 있는 사람과 국가의 관계도 일시적인 것이지, 영원하지 않다. 수인의 몸도 국가의 소유는 아니다. '부검 영장'이라니, 이는 자신이 살해한 국민과 그 가족에 대한 최악의 국가 폭력이다.

국가의 국민 신병 소유권 주장이 곧 죽음임을 뜻하는 대표적인 제도는 고문과 사형제다. 나는 사형제에 반대하는데, 이유는 다른 이들과 조금 다르다. 고문과 사형제의 본질은 죄질과 그 처벌에 있는 것이 아니라 국가를 의인화해, '좋은 사람(국가)'이

'나쁜 사람'을 맘대로 할 수 있음을 합리화하는 제도다. 실체로서 국가는 없다. 전체 국민의 이해를 대변하는 공동체는 없기 때문이다. 통치자가 국가의 이름으로 자기 권력을 행사할 뿐인데, 우리 현대사에는 유독 그런 이들이 많았다.

국가 권력 대리인의 파렴치함은 어제오늘의 일이 아니지만, 살인 경찰은 피해자의 시신에 대해 어떤 종류의 결정권도 없다. 사전적 의미에서 공권력이 합법적인 폭력이긴 하나, 지금 박근혜 정부가 과연 '국가 권력'인지도 의문이거니와 폭력은 최소화가 원칙이다. 시민에게 물대포를 쏘아 쓰러뜨리고 사망에 이르게 한 경찰의 행위는 공권력 행사가 아니라 대국민 전쟁 선포다.

그들을 비난하기 전에 살아 있음이 부끄럽고 각자도생의 삶뿐이니, 두려움이 앞선다. 우리는 언제까지 '진상 규명, 책임자 처벌'을 외치며 살아야 할까. 지금 정부는 선하고 치열하게 살았던 한 인간이 자연으로 돌아가는 길을 막고 있다. 모든 사람은 죽어서 자연이라는 다른 '집'으로 귀향한다. 그 길이 온전했으면 한다. 한(恨) 없이 가족과 지인, 사랑하던 이들이 함께하는 여정이어야 한다. 삶의 대부분은 애도와 그리움으로 채워져 있다. 이것이 인생이다. 내가 사랑하는 사람이 경찰과 대치하면서 흔들리는 관 속에 있다면, 나는 견딜 수 없을 것 같다.

2016. 10. 3.

함께 고통 받기

WWWW

나홍진 감독의 〈곡성(哭聲)〉(2016년)은 생각보다는 덜 무서웠
다. 〈곡성〉을 단순한 귀신 영화라고 할 수는 없지만 인간이 만들
어낸 공포(귀신)보다 인간 자신이 더 무섭다는 사실을 깨달았다.
두려움의 원인은 언제나 우리 내부에 있다. 다음 날 '서울환경영
화제'에서 김기덕 감독의 〈스톱(Stop)〉(2015년)을 보았는데 정말
무서웠다. 〈스톱〉은 2011년, 일본의 후쿠시마 원자력 발전소 폭
발 사건 당시 지역 주민이었던 젊은 부부의 임신과 이를 둘러싼
갈등을 다룬다.

여성의 출산과 자기 결정권, 사고 지역의 고립, 에너지 소비의
계급성(전기로 돈을 버는 사람과 그로 인해 삶이 파괴되는 사람), 어
린 피해자를 향한 또래들의 이지메, '기형아'에 대한 공포, 일본
정부의 태도, 여성과 남성에 대한 감독 특유의 묘사……. 이 모
든 이슈에 관심 있는 나로서는 매 순간이 인상적이었지만 특히
사고 지역에 몰래 들어가 돼지고기를 도축하여 도쿄 중심가 음

식점에 내다 파는 청년의 이야기가 좋았다. 남자 주인공이 청년에게 "미친놈, 범죄자"라며 고발하겠다고 소리치자, 그는 "온 국민이 방사능에 오염된 고기를 먹어야 한다."라고 주장한다. 다만 알고 먹을 사람은 없으므로 자기가 몰래 '먹일' 뿐이라는 것이다.

나는 이 부분이 영화의 주제라고 생각했다. 감독은 타인의 고통을 '마음'으로 공감하는 윤리가 실제로는 불가능하다는 현실을 알고 있다. 그래서 '행동'으로 피해를 공유하는 윤리를 제안한다. "전기는 도쿄에서 쓰는데 피해는 왜 우리가 봐야 해!" 이는 '다 같이 망하자'는 논리가 아니다. 원전 자체를 없애야 하겠지만 쉬운 일이 아니므로 일시적인 '해결'은 피해를 보편화하는 것이다. 행하는 사람(주체)과 당하는 사람(대상)의 구분을 없애고 타자(他者) 없는 세상을 만들자는 실험이다.

대개 사람들은 자신이 국외자라는 사실을 모른다. 전체의 동등한 일부, 보편자라고 생각한다. '불행은 남의 일이다. 나에게 일어날 리 없다. 국가가 가만히 있을 리 없다'는 희망이 없다면 살 수 없기 때문이다. 감독은 손쉬운 발상인 저항이나 진실을 제시하기보다 관객의 위치를 질문한다.

문제는 '도쿄'와 '서울'이, 특정 지역(후쿠시마, 밀양, 강정……)에 위험 시설을 건설하여 끊임없이 내부 식민지를 만들어내는 현실이다. 한국 사회는 문제가 생기면 은폐(그것도 대충), 책임자의 거짓말, 손바닥으로 하늘 가림, 여론이 조용해질 때까지 방관, 소 잃고 외양간 안 고치기, 피해자 고립을 대책으로 삼는 나라다. 진상 규명을 하지 않음으로써 피해자를 고사시키고 문제를 떠넘긴다. 통치 세력은 이 문제에 관한 한 대단히 발전된 메커니즘과 언어를 갖고 있다.

희생양을 생산하는 방식은 타인과 완전한 단절을 추구하면서 교집합을 제거하는 것이다. 타인을 나의 외부, 부정(否定)으로 설정한다. "기쁨은 나누면 배가 되고 슬픔은 나누면 반이 된다."는 말이 통하지 않는 시대다. 타인의 기쁨은 시기와 스트레스를 부르고, 고통을 겪는 사람들에게는 짜증이 난다. 슬픔은 소비의 적이다. 권력은 희로애락에 관한 전권을 행사하기 시작했다. 그들은 특정 시민만을 보호한다. 이처럼 기쁨과 슬픔을 자율적으로 나눌 수 없게 될 때, 정의를 실현하는 방식은 피해를 특정인의 몫으로 치부하지 않고 '바로 당신의 문제'라는 인식을 공유하는 것이다.

필요하지만 바람직하지 않은 현상을 뜻하는 용어, '필요악'. 인식과 문법 면에서 모두 틀린 표현인데, 사회는 이 말을 좋아한다. 불의와 불평등을 손쉽게 설명해주기 때문이다. 원전, 성매매, 누가 군대에 갈 것인가 같은 문제가 대표적인 예다. 일상에서 가장 만연한 필요악 논리는 아마 성매매일 것이다. 성매매는 필요악이다? 누구의 입장에서 필요하고, 누구의 입장에서 악이란 말인가. 필요도 악도 모두 남성의 시각이다. 악은 악일 뿐이다. 사회 문화적으로 제도화하면서까지 유지해야 할 '필요한

악'은 없다.

군사주의를 반대하는 평화 운동가들 중 일부는 징병제가 개인의 자유를 침해하는 등 문제가 있지만 그렇다고 군대를 없앨 수는 없으므로 지원병제를 주장하는 이들이 있다. 지금도 신의 아들, 장군의 아들, 사람의 아들, 어둠의 자식들로 신분 질서가 정해진 판에 지원병제가 되면 어떤 계층이 군대에 가겠는가? 군대는 더욱 계급화, 게토화될 것이다.

방사능 생선을 먹어도 된다고 TV에 나와 시식하는 일본 총리의 모습은 문제가 있다는 확신을 품게 한다. 문제가 없다면 증명할 필요도 없다. 우리 정부는 이런 속임수조차 쓰지 않는다. 오히려 모두가 슬퍼하느니 "산 사람이라도 살자"고 주장한다. 언뜻 합리적으로 보이는 이러한 생각이 문제의 근원이다. 방사능에 오염된 고기, 가기 싫은 군대, 오염된 미군 기지……, 해결할 수 없다면 다 같이 겪어야 한다. 그래야 개선된다. 자기 집에 물난리가 날 때, 기름이 유출될 때, 자식이 군대에서 자살할 때, 세월호에 탔을 때'만' 권력은 움직이게 되어 있다. 불행하지만 이것이 가장 빠른 해결책이다. 우리는 착각하고 있다. 민주주의 사회는 모두가 혹은 다수가 행복한 사회가 아니다. 배제된 사람이 없는 사회다.

2016. 5. 23.

세월호

\\\\\\\\

대한항공 회항 사건에서 계속 생각나는 것은 승무원들의 스트레스다. 출발에서 도착까지 14시간가량, 그들의 몸과 마음은 어떤 지경이었을까. 이후 기내 상황은 알 수 없지만 큰 사고 없이 업무를 수행했으니 다행이다. 극심한 감정 노동 수행 중에 '라면 상무' 같은 승객이 탑승했다면? 만일 조현아 씨로 인한 승무원의 스트레스 때문에 사고가 났다면, 안전사고인가. 승무원과 승객, 국민의 안전 불감증 때문에? 이렇게 생각하는 이들은 없을 것이다. 사고가 났다면 명칭은 '조현아 씨 사고'다.

나는 세월호 역시 안전사고라고 생각하지 않는다. 그런 인식이 사건의 본질을 은폐한다. 재난, 재해가 모두 안전사고는 아니다. 발단에 따라 다르다. 세월호가 안전사고라는 인식 때문에 '우리 사회에 만연한 안전 불감증' 통념이 전 국민을 혼내고 있다. 세월호를 안전사고로 본 관료들이 처음 제시한 정책(?)은 '수학여행 전면 금지'였다. 그리고 결론은 '그 사람이 그 사람'인

데다 관료 수는 많고 재난 구조 인력은 적은 옥상옥 조직, 국민
안전처의 출범이었다.

안전 강조 담론은 국가 안보 이데올로기처럼 사회 구성원을
통제하는 효과가 있다. 안전 불감증 때문이라면 누가 불감증인
가. 학생 승객들이? 세월호 승무원이? 해경이? 세월호 선주라는
고(???) 유병언 씨가? 아니면 구원파를 무서워하는 사람들이?
이처럼 안전 불감증 담론은 피해자와 가해자가 똑같이 잘못했다
고 본다. 우리가 "내 탓이오"를 강요당할 때 정권은 가해 구조에
서 모습을 감춘다.

세월호가 진짜 안전사고였다면 국가와 대통령은 국민을 보호
했어야 한다. 그랬던가? 대통령은 유가족 앞에서 불쾌한 듯 몸
이 굳어 외국 언론의 분석 대상이 되었다. 청와대와 일부 언론,
'여론 지도층'은 유가족에게 상식 위에 군림하는 행동을 보여주
었다. 우리 사회는 유가족을 보호했나? 유가족은 위로받기는커
녕 '불순한 유가족'을 외치는 일부 정치인과 시민들로 인해 끊임
없는 의심에 시달렸다.

안전 문제에는 시비가 있는 법이다. 특히 세월호 사건은 누구
나 알다시피 잘못한 사람, 무고한 피해자가 명백하다. 안전 의식
은 평소에 필요한 것일 뿐, 세월호와 무관하다. 세월호 사건과
관련해서 안전 불감증을 반성하는 태도는 성찰이 아니라 문제를
왜곡하는 부정의다. 물론 구조적인 문제가 있다. 이를테면 사고
를 초래할 수밖에 없는, 그 상황에서 사고가 안 난다면 오히려

이상한 시스템이 있다. 하지만 나는 세월호를 이와 같은 일반적인 의미의 구조적인 문제로 생각하지 않는다. 낡은 선박, 훈련되지 않은 승무원, 과적도 구조적인 문제가 아니다.

사고가 날 수밖에 없는 위와 같은 상황은 이미 관련자들의 '선택'이었다. 무의식적 의도다. 왜? 남들도 그렇게 살고 있기 때문이다. 나보다 더 불성실하고 능력 없는 사람들이 더 잘살고 큰소리치는 세상이다. '조현아 기시감'. 주변을 보면 어느 조직이나 '저런 사람이 어떻게 저 자리까지 갔을까' 싶은 이들이 있다. 드라마 〈미생〉의 마 부장 같은 사람이다. 무능에 불성실, 탐욕, 인간성 종말을 온몸으로 보여주는 사람들. 지식인이나 사회운동가, 여성주의자 중에도 상당히 많다. 좌우, 계급, 성별을 막론하고 시대를 표상하는 인간성의 출현이다.

이들은 중심과 최고에 대한 열망, 약자 멸시, 출세 만능 이데올로기, 유명 인사 증후군에 사로잡혀 있다. 조현아 씨 같은 이들을 부러워하고 그와 생각을 공유하고 있다. 당연히 업무는 대강이고 일은 '관계'를 통해 해결하려 한다. 조 씨처럼 강자(이 사건의 경우, 여론)의 움직임에 따라 태도가 표변하고 약자에게 함부로 하는 것이 몸에 배어, 움직이면 사고를 치는 걸어다니는 재앙들이 사회 곳곳에 포진하고 있다. 매스컴에 노출되는가 아닌가의 차이일 뿐이다. 재벌가가 홍보에 막대한 비용을 쓰는 이유다.

대형 참사의 원인이 개인의 문제라는 얘기가 아니다. 요지는 당대 한국 사회를 대표하는 특정한 타입의 인성(캐릭터)이 형성

되었고 번영하고 있다는 사실이다. 이런 이들이 '잘나가면', 사람들은 비난하면서도 그들을 선망하게 된다. 이들이 뿜어내는 나쁜 기운과 라이프 스타일은 주변 사람들은 말할 것도 없고 사회 전체를 집단 우울증 상태로 만든다. 뻔뻔한 이들 중 일부는 세월호 참화를 만들었고, 일부는 입이 다물어지지 않는 대응을 보여주었고, 일부는 지방선거에서 이들을 당선시켰다. '세월호'는 우리 시대의 거대한 은유다.

2014. 12. 19.

협상?

\\\\\\\\\\

태초에 말씀이 있는 이유가 있다. 진실은 말이 있어야 존재한다. 신문에 활자화되지 않으면 없던 일이 된다. 어떤 언어로 규정하느냐에 따라 적과 동지, 이익과 손해, 정의와 부정의가 달라진다. '신자유주의 좌파' 정부에서부터 시작된 일일까. 국어 해독에 상당한 어려움을 겪고 있다. '녹색 성장'을 표방했던 이명박 정권이 절정일 줄 알았는데, 이제 언어는 사회적 약속이 아닌 것 같다.

대필과 표절은 사법적, 윤리적 범죄 행위다. 그런데 사람들은 '스캔들'이라고 한다. 성폭력은 현행법상 명백한 범죄인데 '실수'라고 말한다. 성폭력 사건이 발생하면 경찰에 신고하는 것이 우선인데, 왜 다들 대책위원회를 만드는지 이해가 가지 않는다. 고위직 인사 청문회에서 주로 문제되는 사안들(투기, 탈세, 병역 비리, 학력 위조)도 범죄라는 인식이 없다. '남들 다 하는데 재수 없어 걸렸다'고 생각한다. 이런 풍조에서 '이 정도면 통과', '털어서 나는 먼지'라는 표현이 나오는 것이다. 범죄는 사실 유무로 결정하는 것인데, '이 정도'는 어디서 나온 잣대인가.

학위 논문 베끼기, 서류 조작, 폭력 사건 은폐, 뇌물 수수, 피해자 협박 등 날만 새면 전과를 쌓는 이가 있다. 그를 만난 적은 없지만, 주변에서 하도 비난하는 사람이 많아 잘 아는 사람 같은 착각이 들 정도다. 이상한 일은 그의 존재가 아니라 지인들의 대응이다. 사람들은 그를 성토하면서도 결론은 언제나 "악착같이 살다 보니…… 언젠가 정신 차리겠지."로 '중지(衆智)'를 모은다. 경찰과 해당 대학에 법규에 맞는 절차를 밟도록 하면 그만인데, 신고는 하지 않고 욕만 해댄다.

우리는 도덕 불감증이 아니라 도덕의 개념 자체가 바뀐 시대에 살고 있다. 세월호는 '도덕의 재구성' 시대를 상징하는 사건이다. 사건 발생, 이후 대응 방식, 막말 정국까지 쇼크의 연속이지만 최근 '세월호특별법'에 이르러 나는 결국 인식 불능 상태에 빠졌다. 대통령이 특별법에 '신경' 쓰는 것이 삼권분립 위반, 권력 남용이라는 주장은 말인지 소리인지 어이가 없다. 그것이 권력 남용이라면 부디 행사했으면 한다. 발언자의 의도된 무지이기를 바랄 뿐이다. 원래 삼권분립은 분권보다는 협치(協治)에 가까운 개념이다. 어쨌든 내가 가장 충격을 받은 새로운 언어는 여야가 혹은 정부·여당이 유가족과 세월호특별법을 '협상한다'는 말이었다.

우리나라는 의무 교육 과정에서 배상과 보상의 구별을 가르

친다. 국가 폭력, 범죄, 천재지변 발생 시에는 피해자에게 배상이
나 보상을 해야 한다. 피해는 이미 발생한 과거의 일이지만 현재
시점에서 피해를 최대한 구제(救濟)하려고 노력하는 것이 법질서
의 기본이다. 세월호 탑승자들과 그 가족의 피해는 공동체의 책
임이고 이는 무조건적 당위다. 그런데 협상이라니!

유가족의 의견을 최대한 반영하는 것과 협상은 다르다. 협상
은 동급 행위자 간의 일이지, 가해자와 피해자 그것도 일방적 피
해자에게 선심 베풀 듯 제안할 일도 아니고, 피해자가 쟁취할 사
안도 아니다. 유가족은 아무런 의무가 없다. 타협과 협상은 힘의
균형을 합리적으로 조절하는 바람직한 정치지만, 지금 정국에서
'협상'은 피해자가 무슨 요구를 하는 것 같은 착각을 불러일으킨
다. 정부와 여당은 앞장서서 피해자를 위로하고 재발 방지를 위
한 법을 제정하면 된다.

'협상'이라는 말에는 이 문제에 대한 정부·여당과 지지 세력
의 시각이 반영되어 있다. 염수정 추기경의 발언이 대표적이다.
그는 8월 26일 기자간담회에서 "세월호 아픔 이용돼…… 유가
족도 양보할 수 있어야."라고 말했다. 나는 세월호의 고통이 이
용될 만큼 우리 사회에서 충분히 공유되었는지부터 묻고 싶다.
누가 누구를 이용했는가? 같이 아파한 사람은 야당에 투표하고
그로 인한 여당의 아픔(?)이 안타까운 이들은 여당에 투표했다.
덕분에 여당은 지방선거에서 승리했다. 유가족의 고통을 십분
이용한 세력은 바로 현 정권이다. 이용한 정도가 아니라 무시하

고 모욕했다.

　유가족이 양보할 수 있어야 한다는 말은 무슨 뜻인가. 가족의 죽음, 그 이후의 삶, 우주, 모든 것을 상실한 사람들이 누구에게 무엇을 더 양보해야 하는가. 그들에게 무엇을 더 '받아내야' 저 잣거리 표현으로, 속이 후련하겠는가. 더는 잃을 것이 없는 사람이 양보하는 것이 균형인가. '우리'는, 사회는, 국가는 그들에게 무엇을 양보했는가.

2014. 8. 29.

타인의 고통

〰〰〰〰

6월 16일, 지역 생활협동조합 모임에 참석했다. 사회자가 "오늘이 세월호 사건 두 달째"라며 묵념을 제안했다. 묵념 후엔 노래 〈천 개의 바람이 되어〉를 불렀다. 참석자 70명은 "일상으로 돌아갈 수밖에 없지만 그럴수록 더욱 잊지 말자."고 다짐했다. 요즘 흔히 듣는 얘기다.

12년 전 사건의 기시감. 2002년 한·일 월드컵과 미군 장갑차, 브라질 월드컵과 세월호가 함께 떠오르는 이들이 적지 않을 것이다. 폴란드전 승리 후 온 나라가 흥분해 있을 때 경기 양주시에서 미 2사단의 부교 운반용 장갑차가 갓길을 걸어가던 중학교 2학년 신효순, 심미선 학생의 몸을 깔고 지나갔다. 세월호만큼이나 이 참사도 예고된 것이었다. 장갑차가 도로 폭보다 컸기 때문이다. 도로보다 큰 장갑차에서 보행자가 보일 리 없다. 지역 주민들은 사고 이전부터 수차례 당국에 안전 대책을 건의했으나 묵살당했다. 이후 월드컵의 열광 속에서 어린 학생의 어이없는 죽음은 전 국민적 죄책감을 불러일으켰고 촛불 시위에 불을 댕겼다.

'일상으로 돌아간다'는 것은 누구의 입장일까. 이날 묵념은 내게 작은 상처가 됐다. 그들의 선의와 정의는 의심의 여지가 없지만, 나는 그들과 다른 처지라는 것을 깨달았다. 그날로부터 두 달이 된 지도 몰랐다. '잊지 말자'고 다짐한 적도 없다. 아직 찾지 못한 시신만 생각했다. 개인적 사연과 겹쳐 내겐 '세월호'가 일상이었기 때문이다. 컴컴한 바닷속 세월호의 연속. 이 시간을 버티고 있는 이들에게 "잊지 말자"는 말은 이상하다. 삶이 '세월호'인데, 세월호를 기억하자는 다짐이 필요한가. 잊을 수 없는 이들을 잃었는데 누구를 잊지 말자는 것인가.

'원전 피해' 언설 역시 비슷한 경우다. 물론 원전의 재앙은 사회적으로 완벽하게 공유돼야 한다. 그러나 이 말은 원자력 발전소에서 일하는 피폭(被爆) 노동자의 존재를 비가시화한다. 그들은 이미 피해자다. '잊지 말자'는 다짐은 역설적으로 계속 피해 상태에 있는 사람들을 제외시킨다.

여성주의 국제정치학의 중요한 업적 중 하나는 전쟁과 평화의 이분법에 대한 문제 제기다. '전쟁과 평화'는 국가 간 갈등이 기준이다. 하지만 어느 사회에서나 국내에서는 매일매일이 '사는 게 전쟁' 혹은 실제 전시 상태인 사람들이 대부분이다. '쓸모없는 사람(잉여)'으로 모욕과 궁핍 속에 사는 이들도 숱하다. 일상이 곧 정치적 사건인 장애인, 여성, 동성애자의 삶은 전쟁과 평화의 구분을 근본적으로 질문한다. 아내에 대한 폭력, 인신매매, 혐오 범죄 등 생사의 갈림길에서 일상을 사는 사람들에겐 전쟁 전후가 있을 뿐이다.

'전쟁과 평화'는 남을 위협함으로써 자신의 안전을 도모하려는 극소수 사람들의 사고방식이다. 미리 확보하는 안전 보장(안보). 하지만 전쟁과 평화는 사람마다 의미가 다른 것이지 반대말이 아니다. 누구에게나 똑같은 평화, 똑같이 전쟁인 상태는 없다. 미국의 군수 산업 노동자는 미국 밖에서 전쟁이 계속돼야 고용 안정이라는 평화를 누릴 수 있다. 그들의 평화는 분쟁 지역 민중들에게는 학살이다.

'잊지 말자'는 배제의 언설이다. 시간이 갈수록 망각은 필연이라는 생각, 그로 인한 죄의식. 그러나 계속 고통스러운 뉴스를 들으며 살 수 없다는 갈등. '잊지 말자'는 잊을 수 있는 사람과 절대로 그럴 수 없는 사람의 차이를 극명하게 드러낸다. 사실 지금 세월호 유가족에게 필요한 것은 '잊지 말자'가 아니라 오히려 '잊어야지, 살아야지'라는 눈물 속의 다짐일 것이다.

이처럼 고통받는 사람과 위로하는 사람은 다른 세상에서 살고 있다. 이 다름을 인정할 때 '진정한' 위로가 가능하다. 타인의 고통에 대한 기억은 시혜가 아니다. 누구나 당사자가 될 수 있는 세상에 살고 있다면, '잊지 말자'는 말에 대해 한 번쯤 생각해볼 필요가 있다.

2014. 6. 27.

누가 미개한가?

////////

정몽준 새누리당 서울시장 후보가 경선 승리 후 흘린 눈물은 다양한 해석이 가능하다. 평소라면 누구나 후보가 되기까지 이 런저런 사연이 많은 법이니 별스러운 일도 아니다. 그러나 대한 민국은 '평소'가 없는 매일매일이 사건 사고인 사회가 아닌가. 그는 아들과 아내의 세월호 유족을 모욕하는 발언으로 곤욕을 치렀다. 그 파장을 이겨내고 후보가 되었으니 감격이 남달랐을 것이다. 그의 눈물이 '선거를 겨냥한 계산된 쇼'라고 생각하지 않는다. 그는 정말 스트레스를 받았을 것이다.

인터넷 여론 중 하나가 흥미롭다. 가장의 출마를 원하지 않은 가족들이 일부러 막말을 했다는 분석이다. "집에서 왕따당하는 아버지의 눈물." 정 의원의 눈물은 경선에서 승리해서가 아니라 가족들이 자기를 싫어하니 서러움과 외로움이 북받친 가장의 눈 물이라는 것이다. 아들의 소신('미개한 국민')과 아내의 부적절한 발언이 선거에 유리할 리 없다. 도움 안 되는 가족이 얼마나 서운했겠는가.

처음엔 우스갯소리라고 생각했는데 시간이 지날수록 묘한 서글픔이 몰려왔다. 가족 왕따설은 정몽준으로 대표되는 우리 사회 권력층에 대한 대중의 가냘픈 기대가 아닐까. 믿고 싶지 않지만 일어난 현실은 세월호 사건만이 아니다. 희생자 가족의 고통을 '미개하다'고 개탄하는 이들이 통치 세력인 현실, 이 역시 믿고 싶지 않은 것이다.

"그래도 어느 정도 교양이 있고 인간성이라는 것이 있겠지, 이념 문제도 아니고 어떻게 그런 말을……." 기가 막히는 심정을 넘어, 두려움에서 나온 발상이다. 왕따설은 더는 상처받고 싶지 않은 평범한 사람들의 자기 보호, 스스로를 위로하는 심리에서 나온 것이다. "설마…… 아니죠?" 그런 심정 말이다. '인간으로서 국민'을 존중하는 것까지는 바라지 않는다. 그런 사고방식을 지닌 사람들이 공식적인 권력을 얻게 된다면 그들이 직접 나서지 않아도 사회는 약육강식의 분위기가 지배할 것이다.

정 후보 가족만이 아니라 유가족에 대한 비난 언설은 사회적 규범 차원에서 논의되어야 할 중요한 주제. 무고한 타인의 죽음에 대한 상스러운 언사도 문제지만 공적(公的) 영역에서 슬픔을 표현하는 것을 '미개하다'고 보는 행태는 '선진 문명국'에서도 드문 일이다.

캐럴 길리건, 낸시 폴브레 같은 서구 의학자들은 보살핌, 돌봄과 같은 가치가 공적 영역의 규범에 포함되어야 한다고 주장한다. 경쟁도, 돈도, 보살핌도 모두 삶의 일부분이다. 그런데 기존 규범은 지나치게 편향적이다. 보살핌의 윤리가 더 우월하다든가 삶의 전부라는 논리가 아니다. 보살핌이나 슬픔은 개인적 차원에서 가정과 비공식 영역에서만 표출되어야 한다는 사고방식이 문제다.

지금 공적 영역에서 통용되는 주요 규범은 경쟁과 승부다. 아직까지 대한민국은 성장, 부국, 생산력을 숭배하는 발전 지향 사회다. 이를 위해 공동체 구성원들에게 요구되는 정신 상태는 자신감, 활달함 같은 가벼운 흥분 상태인 경조증(輕躁症)이다. 도전적이다 못해 공격적인 자세를 찬양한다. 예전 상어형 리더십의 중요한 자질 중 하나는 타인(부하)의 고통에 무감한 것이었다. 타인의 고통에 민감한 리더는 생산력을 독려하기 힘들다. '불도저'는 여기서 나왔다. 사람의 상태가 어떻든 그냥 무시하고 밀고 나가라는 것이다.

문제는 인생이 즐겁고 행복하지만은 않다는 사실이다. 언제나 명랑할 수는 없다. 이를 모르거나 부정하는 사람은 없다. 인생은 세월호의 바다처럼 인재든 천재든 고해(苦海)다. 사람들은 타인 앞에서 우아하고 쿨하고 이성적으로 보이고 싶어 한다. 그것이 강자, 승자 혹은 교양인의 모습이라고 오해하기 때문이다. 우울하고 초라한 모습은 극복되어야 할 상태로 간주된다.

고통을 이길 수 없는 이들의 눈물과 분노, 넋 나간 현상은 지극히 자연스러운 현상이다. 미개하다는 발상은 인간 본성에 반하는 것은 물론 당대 자본주의가 추구하는 기준에서도 시대착오적인 것이다. 감수성은 창의력의 기본 요건이다. 타인의 고통에 대한 감각 마비, 심리학에서는 사이코패스로 정의한다.

상처를 느끼지 못한 사람 중에는 흉터를 보고 놀라는 이가 있고 놀리는 사람이 있다. 후자는 심각한 문제다. '상처가 없다'와 '느끼지 못한다'는 다르다. 전자는 불가능하므로 결국 회피하는 것이다. 미개(未開)는 마음도 머리도 닫혀 있어서 인지 능력이 없다는 뜻이다. 미개함은 사랑하는 사람을 잃고 통곡하는 것이 아니라 그들을 비웃는 상태다.

2014. 5. 23.

위로하는 몸

\\\\\\\\

이명박 전 대통령의 '치적' 중 하나는 특정 캐릭터를 사회적 현상으로 정착시켰다는 점이다. 그것은 뻔뻔스러움이다. 그는 이를 스스로 체현(體現)하고 제시함으로써 이 시대를 '살아낼 수 있는 인성'이란 무엇인가를 증명했다. 내 생각에 그는 역대 대통령 중에서 가장 표정이 없는 정치인이었다. 노무현 전 대통령 장례식 당시 김대중 전 대통령과 대조를 이루던 그의 표정을 잊을 수 없다. 이것은 두 인물의 정치적 성향 차이나 고 노무현과의 관계에서 비롯된 것이 아니다. 인생은 연극이고 우리는 배우라는 비유에 기댄다면, 그들은 전혀 다른 캐릭터였던 것이다.

뻔뻔함이란 후안무치, 글자 그대로 얼굴이 두꺼워 창피함을 모른다는 것인데 이명박은 이 의미를 변화시켰다. 이명박 버전의 뻔뻔함은, 무책임과 불성실은 부끄러운 일이 아니며 잘못해도 사과하거나 미안해하지 않아도 된다는 것. 뻔뻔스러움은 쿨함, 승자, 강한 사람의 조건인 양 재개념화되었다.

물론 위 내용은 나의 개인적 소견일 뿐이다. 나는 그가 뻔뻔하다는 이유로 비판할 생각이 없다. 다만 뻔뻔하지 않으면 생존할 수 없는 세상에서, '원래' 그런 성격이었던 이가 최고 통치자가 됨으로써 본인의 의도와 무관하게 사회 구성원에게 면죄부를 준 것이다. 타인에 대한 예의의 문턱은 낮아졌다. "어쩌면 그럴 수가.", "우째, 이런 일이." 대신 "이 정도쯤이야."가 만연하게 되었고, 부끄러움은 약자의 윤리처럼 여겨지게 되었다.

마흔이 넘으면 자기 얼굴에 책임을 져야 한다는 말은 살아온 세월이 얼굴(몸)에 스며든다는 뜻이다. 젊은 날에는 젊음의 에너지와 변화 가능성 때문에 삶이 즉각 얼굴에 반영되지 않는다. 젊음이라는 변수가 사라지는 마흔 즈음에야 얼굴은 그가 어떻게 살아왔는가, 어떤 사람인가를 드러내기 시작한다. 눈동자, 얼굴, 손, 목소리, 사용하는 말, 자세는 개인의 역사 자체다. 이때 세속적인 의미와는 다른 미추(美醜)의 기준이 생긴다. 잘생겼다, 예쁘다, 그렇지 않다가 아니라 매력적인 얼굴, 비호감과 무례가 느껴지는 얼굴이 만들어진다. 미용 목적의 성형 시술은 이 과정 자체를 봉인하고 왜곡하는 행위일 뿐이다.

정몽준 전 국회의원 아들의 말대로 "대통령이 국민의 모든 니즈(요구)를 만족시켜줄 수는 없지만", 세월호 침몰 사고 현장을 방문한 박근혜 대통령의 얼굴은 많은 것을 생각하게 한다. 얼굴이 피사체가 되면 매 순간 표정이 카메라에 반영되기 때문에 한 장면만 놓고 분석하는 것은 공정하지 않다. 그럼에도 불구하고 박 대통령의 인상을 말한다면 (유)가족들이 항의하고 몸부림칠 때 그의 표정은 경직되어 있었다. 대통령, 아니 최악의 고통을 목격한 평범한 인간으로서 느낄 수밖에 없는 슬픔, 무력감, 기막힘을 공감하는 얼굴과는 거리가 멀었다. 통곡에 귀를 기울이고, 두 손을 잡고, 함께 눈물 흘리는 몸이 '안 되는' 캐릭터가 있다. 의지와 능력의 결여는 몸으로 드러난다.

어느 정도의 포커페이스는 모든 사람에게 필요한 자질이다. 감정이 즉각 얼굴에 드러나는 상황은 곤란하다. 포커페이스는 대개 위선이나 이중적 행동이라고 생각하지만, 사회적 예의이기도 하다. 그러나 절대 권력자는 포커페이스 연기를 하지 않는다. 안하무인은 타인을 의식하지 않아도 되는 권력이다. 눈치 볼 필요가 없기 때문에 자기 생각과 표정 차이를 조율하는 감정 노동을 하지 않아도 된다. 이것이 뻔뻔함이다.

박 대통령의 경직된 얼굴은 국민의 고통에 대한 무감각, 판단력 부재, 평소의 나르시시즘(독재성)이 합쳐진 결과다. 이런 상황에서 '이성을 잃은 미개한 민초'들이 울부짖으며 달려들자 그의 몸은 자신도 모르게 불쾌감으로 대응했다. 굳은 얼굴, 위로하는 역할을 해야 할 사람이 화가 난 것이다. 뻔뻔스러움조차 넘어선 '마리 앙투아네트'의 몸이다.

진정성은 어떤 상황에서도 전달된다. 영화 〈미션〉(1986년)에서 동생을 죽이고 죄책감에 괴로워하던 노예상(로버트 드 니로)에게 신부(제러미 아이언스)는 말한다. "당신은 동생을 사랑했군요."

그 말에 죄인은 신부를 따라나서고 평생 아마존 유역의 원주민들을 위해 헌신한다.

한마디 말, 한순간의 표정에도 타인을 도울 수 있는 힘이 있다. 선장과 승무원들이 희생자를 구하지 않았다면(못했다면), 남은 이들이 할 일은 차선의 노력이다. 그는 민심을 사로잡는 선거의 여왕 아닌가. 선거 때만 여왕인가?

2014. 4. 23.

개인적 자살, 사회적 자살?

 우울한 기분과 질병으로서 우울증은 다르다. 우울증은 자살의 주요 원인이 되는 심각한 질환이지만, 우울증처럼 가볍게 취급되고 제대로 알려지지 않은 병도 드물다. 마음이라는 신체 부위는 없다. 우울증은 마음이 아니라 몸이 아픈 병이다. 우울증은 기분, 인식, 판단을 담당하는 뇌의 일부가 제대로 기능하지 않아서 아픈 병이다. 질병이 신체 내부의 하나의 원인에서 비롯된다고 가정한다면, 우울증의 열쇠는 세로토닌이라는 화학 물질이 쥐고 있다. 그래서 세로토닌은 '행복 호르몬'이라고도 불린다.

 최근 경제적 어려움이나 경쟁 사회의 압박으로 인한 자살이 사회적 타살로 인식되면서 유례없는 공감을 얻고 있다. 자살한 이를 비난하기보다 대책이 마련되고 낙인이 개선된다면 다행스러운 일이다. 그러나 '세 모녀의 동반 자살'이 아니라 먹고살 만한 개인이 '사소한' 이유로 자살한 경우에도 이만큼 이해받을 수 있을까? 특히 예전의 가족 동반 자살은 생명 경시론에다 자녀를 소유물로 여긴다는 비난이 엄청났다. 그런데 요즘은 혼자 자살하는 것보다 더 이해받는 듯하다. 최근 여론만 보면 자살 담론은 개인의 문제에서 사회 문제로 이동했다.

나는 '사회적 타살'에 대한 우리 사회의 '지나친 공감'이 다소 염려스럽다. 개인과 구조, 자살과 타살을 지극히 배타적 범주로 놓고 사회적 타살과 개인적 자살을 구별하는 것은 '과학'이 아니다. 단지 우리가 이해할 수 있는 자살과 그렇지 않은 자살로 구분한 것뿐이다. 자살 탐구는 원인과 결과, 몸과 마음, 자유와 강제, 개인과 구조 등 근대 철학의 모든 이분법에 대한 도전이다. 사회적 타살론은 위에 언급한 이분법에 기초하고 있다. 이 대립쌍을 해체하고 재구성하지 않는 한, 현재의 자살 '담론 소동'은 일시적 유행이거나 삐딱하게 말하면 살아'남을 수' 있는 자들의 '안도'와 그렇지 못한 이들에 대한 동정 혹은 박근혜 정권의 실정 사례로만 취급될 것이다.

'세 모녀 자살' 사건이 사회 구조의 결과임은 명백하지만 그들의 '선택', 정확히는 대처 방식이 반영되었다는 사실 역시 부정할 수 없다. 또한 개인적 사연처럼 보이는 자살도 주변 환경의 영향을 크게 받는다. 사회적 요인과 개인적 요인이 따로 있는 것이 아니다. 이를 구별하기보다 구조에 대한 개인의 대응을 사회가 돕는 방식을 중심으로 발상의 전환이 이루어져야 하지 않을까.

인생의 고난이 정신적 면역력을 압도할 때 인간은 자살한다. 암으로 사망하는 경우를 선택이라고 말하지 않는다. 자살은 질병사다. 그런 면에서 사회적 타살과 개인적 자살의 원인은 같다. 신체적 질병과 정신적 질병에 대한 구별과 위계는 정신질환자에 대한 낙인뿐만 아니라 의료보험·생명보험 등 경제적 문제와도 직결된다. 전문의들은 우울증 환자를 세상에서 가장 이해받기 어려운 외로운 사람들이라고 말한다.

힘든 세상에 대한 개인의 반응 — 투쟁, 포기, 갈팡질팡 등 — 이 세로토닌 생산에 얼마나 영향을 끼치는지는 알 수 없다. 구조와 개인이라는 두 가지 요소가 우울증을 만들어낸다면 그 비율은 1 대 99, 51 대 49, 37 대 63 등 천차만별일 것이다. 아무리 과학이 발달해도 구조가 몇 퍼센트이고, 개인의 특성·면역력·조건이 몇 퍼센트인지는 정확히 계량할 수 없다. 몸(뇌)의 건강은 정치적, 생리적, 개인적 조건의 영향을 받으며, 이 모든 것들의 계속적인 운동과 복합성에 달려 있다. 이것이 생명의 신비가 아닐까.

자살의 이유가 개인적이냐 사회적이냐의 구분은 자살에 대한 몰이해의 첫 단추다. 자살 여부를 결정짓는 것은 고통에 대한 몸의 면역력이지, 개인의 나약함이나 사회적 억압 자체가 아니다. 사회와 생물은 상호 작용(cultured nature)한다. 생물학은 환경에 대한 생명체의 적응과 변화를 연구하는 학문 아닌가. 지구상에 독자적 영역은 없다.

모든 인생사는 수용과 이해에 달려 있다고 생각한다. '그것만이' 고통받는 이들을 도울 수 있다. 인간관계(사회 구조)의 질에 따라 개인의 기운과 용기는 달라진다. 자연의 법칙은 '자살은 비정상이다' 혹은 '어쩔 수 없다'가 아니라 어떤 공동체를 지향하는가에 대한 인간의 의지를 의미한다. 이 의지는 건강 약자든 사회적 약자든, 죽을 만큼 아픈 사람의 관점에서부터 시작되어야 한다.

2014. 3. 26.

강인한 희생자

WWWW

승려들의 분신처럼 종교인의 자살은 순교와 구별하기 어렵다. 탄압받는 정치 지도자의 자살도 마찬가지다. 그들의 자살은 열사의 저항으로만 간주된다. 자살에 대한 사회적 통념인 나약함은 언급되지 않는다. 그러나 영화 〈박쥐〉(2009년)의 유명한 대사, 가톨릭 신부인 주인공 상현(송강호)의 기도는 그 경계를 허무는 것처럼 보인다. 이 기도문에는 개인의 우울과 신앙인의 헌신이 혼재되어 있다.

"주 예수 그리스도의 이름으로…… 살이 썩어 가는 나환자처럼 모두가 저를 피하게 하시고 사지가 절단된 환자와 같이 몸을 마음대로 움직일 수 없게 하시고 두 뺨을 떼어내어 그 위로 눈물이 흐를 수 없도록 하시고…… 손톱과 발톱을 뽑아내어 아주 작은 것도 움켜쥘 수 없고…… 머리에 종양이 든 환자처럼 올바른 지력을 갖지 못하게 하시고 영원히 순결에 바쳐진 부분을 능욕하여 어떤 자부심도 갖지 못하게 하시며 저를 치욕 속에 있게 하

소서. 아무도 저를 위해 기도하지 못하게 하시고……." 이는 성
서의 내용이 아니라 시나리오를 쓴 작가와 감독의 창작이라고
한다.

1970년대 "근로기준법을 준수하라."('제정하라'가 아니다)라고
외치며 분신한 전태일 열사의 죽음은 저항이지, 자살이라고 말
하지 않는다. 그러나 자살은 상대방에 대한 공격이 아니라 자신
을 해치는 약자의 투쟁 방식이다. 결국 '적'의 몸은 그대로이고
저항한 사람은 열사가 되면서 삶에서는 사라진다. '못된 강자'는
실익을, '선한 약자'는 명예를 추구하는 것. 지배가 작동하는 중
요한 방식 중 하나다. 통치 세력은 망각과 비난의 시간이 지나가
기를 기다리기만 하면 된다.

노무현 전 대통령이 사망한 이후, 이 사건을 다양한 시각에서
조명하는 단행본 기획이 있었다. 나도 원고를 청탁받았다. 나는
노 전 대통령의 사례가 아니더라도 정치인의 자살과 우울증에
대해 쓰고 싶었지만 주변의 만류에다 자기 검열에서 자유롭지
못해 결국 포기했다.

"대통령은 자살해서는 안 되는 사람"이라는 내 아버지의 말
처럼, 자살에 대한 사회적 금기와 '나약한 사람의 도피'라는 통
념은 '가해 세력'이 고인을 공격하는 최대 무기였다. 나는 아버
지에게 되물었다. "대통령은 교통사고당하면 안 되나요? 대통령
은 암에 걸리면 안 되나요? 우울증은 질병일 뿐이고 자살은 그
병에 걸린 사람이 죽는 것, 그냥 병사(病死)예요." 나는 아버지와

크게 싸웠다. 정확히 말하면, 나는 아버지 의견에 동의하지 않았고 아버지는 내 말을 이해하지 못했다.

나는 영화 〈변호인〉(2013년)을 보지 않았다. 보기 싫었다. 친구들에게는 "내가 좋아하는 '꽃미남' 배우가 맡은 역할이 맘에 안 들어서"라고 했지만 가장 큰 이유는 전(前) 정권에 대한 분노로 또다시 고통받고 싶지 않아서였다. 그의 죽음은 완벽한 타살이다. 그러나 이 타살의 형식은 복잡하다. 정신과 의사 등 많은 전문가들은 그의 죽음을 사회적 억압으로 인한 우울증, 자살이라고 본다. 그 상황에서 우울증에 걸리지 않는다면 오히려 이상한 일이라는 것이다. 반사회적이거나 극도의 후안무치가 아니라면, 아프고 통증에 시달리는 것이 정상적인 몸의 반응이다. 진짜 문제는 우울증과 자살에 대한 편견이지 그의 행위가 아니다.

스트레스 척도는 그것에 반응하는 사람의 내성(耐性)에 좌우된다. 이 논리는 스트레스 주는 사람이 문제가 없다는 의미가 아니라 피해자의 선택과 역량을 옹호하기 위한 것이다. 그러나 그 개인이 정치인, 그것도 어떤 가치나 캐릭터를 상징하는 정치 지도자일 경우 선택은 매우 제한적이다. 우울증의 원인과 증세는 다양하지만, 그는 압도적인 힘으로 들이닥친 고도로 지능적인 정치적 의도에 의해 강제로 '질병을 주입당했고' 그의 증상은 '미래의 불행에 대한 확신'이었다.

강한 사람만 살아남는다? 이것이 그를 살해한 우리 사회 일부 집단이 강조하는 바고, 지금 '우리'를 통제하는 방식이다. 나는 그를 강인한 지도자로만 간직하고 싶은 민초들의 강자 지향 심리를 '그들'이 십분 활용하고 있다고 생각한다. 그러므로 열정적인 변호인이었던 그가 우울증으로 고통받는 개인일 수도 있다는 사실을 동시에 고려하지 않는다면, 그들과 공모하는 셈이 된다.

보수 세력은 그가 나약해서 자살했다고 약자 혐오를 정당화했고, 진보 진영은 정권의 탄압에 대한 저항이라고 주장했다. 나는 '나약함으로서 저항'을 주장한다. 그것이, 재임 당시 공과와 별개로, 그가 추구했던 약자에 대한 애정에 동참하는 일이라고 생각한다. 그가 강인한 지도자라는 사실과 우울증이라는 질병의 희생자라는 사건이 왜 양립하면 안 되는가?

개인적 자살과 정치적 열사(烈死), 영웅과 피해자의 경계는 뚜렷하지 않고 구별되어서도 안 된다. 그 경계를 인식하고 허무는 것이, 정의롭고 치열한 승부사였지만 많은 사람들에게 그리움의 고통을 안겨준 그를 영원히 기억하는 방식이 아닐까.

2014. 1. 8.

상실의 생활화

/\/\/\/\/\

영화 〈브리짓 존스의 일기〉(2001년)에는 여자 주인공의 스타킹이 찢어져 '뚱뚱한' 엉덩이가 노출되는 장면이 나온다. 직장 동료들 앞에서 민망한 사고를 당한 '노처녀'는 창피해서 제정신이 아니다. 하지만 그녀는 이를 악물고 현장이 녹화된 비디오를 반복해서 보고 또 본다. 끔찍했던 사건에 대한 그녀 나름의 치유 방식이다.

회피와 직면 사이에서 대개 사람들은 회피를 선택한다. 공포의 근원은 현실 직면의 두려움에 있기 때문이다. 부인, 합리화, 망각……. 수많은 자기 방어가 생존을 가능케 한다. 그러나 회피는 결국 자신에게 하는 거짓말이기 때문에 언젠가는 대가를 치러야 한다. 지나친 경우 자아 경계가 흐트러지는 '사이코'가 될 수도 있다. 인간은 자기 발화(發話)를 통해 형성되는 존재여서 방어만 하다 보면 내가 누구인지, 내 말이 정말인지 거짓말인지, 누가 누구를 속이고 있는지 모르는 '무아지경'에 빠진다.

작년까지 '웰빙'이 유행어였다면 올해 그에 견줄 만한 단어는 '힐링'일 것이다. 원래 웰빙(well-being)은 복지, 번영의 뜻이라 '건강한 심신'을 의미한다면 웰니스(wellness)가 맞다는 지적이 있었다. 힐링(치유)도 치료(treatment)가 더 적합하다. 마음의 상처에는 치유고, 몸의 상처에는 치료인가? 중요한 것은 구체성이다. '약 바르고 붕대를 감고 주사를 맞는' 치료 행위가 연상시키는 구체성. 아무리 좋은 말이라도 많이 들으면 진력이 나는 일반론에서도 그렇고, 원래 힐링은 '사기성'을 띠기 쉬워서 나는 이말을 경계하는 편이다. 치유의 어감은 영적인 통찰과 성장에서부터 일시적인 위안, 혹세무민까지 다양하다.

나 자신이 치유가 시급한 사람이라 시중의 힐링 관련 책들을 탐독하는 편인데, 저자와 독자 사이의 '마음의 양극화'를 여러 번 느꼈다. 읽는 사람은 사는 게 괴로워 죽을 맛인데, 책 내용은 '한가할' 때 느끼는 좌절감!(물론 심각한 사람은 책을 읽을 것이 아니라 병원에 가야 한다). 주변에 물어보니 나와 비슷한 경험을 한 이들이 의외로 많아 그게 오히려 힐링이 되었다. 비슷한 경험이란, 책을 읽다가 '열불 나서' 던져버렸다는……

힐링 책은 위약(僞藥) 효과부터 생명 구조까지 다양한 역할을 할 수 있다. 약효가 짧아서 그렇지 위약 작용만 해도 소기의 목적에 충실한 것이다. 그런데 실상은 이조차 약효가 변변치 않다. '성공한 멘토'의 훈계에서부터 심지어 지은이의 세속적 스펙에 대한 동경까지, 지당하신 말씀에서부터 종잡을 수 없는 '아름다운' 말까지. 웰빙과 달리 힐링은 시장화를 추구할수록 힐링과 거리가 멀어질 수밖에 없다. 개인의 삶이 다양하듯 고통 역시 그렇기 때문에, 힐링 상품의 마케팅이 '라면'이나 '토플 책'과 같을 순 없기 때문이다. 상품이든 담론이든 대량 생산 체제에서는 불량품이 나오기 마련인데, 특히 지식이나 마음 관련 제품(?)의 상품화는 '하향 평준화'를 피하기 어렵다.

건조한 분석가들은 자기 계발서나 힐링 책의 범람이 그 자체로 경쟁 사회의 재앙이자 신자유주의 체제에서 절망한 개인의 무력한 대응이라고 말한다. 나는 그렇게까지 생각하지는 않지만, 대부분의 힐링 책들이 심리학에서 말하는 고통의 다섯 단계인 부정, 분노, 타협, 우울, 수용(순서대로 진행되는 것은 아니다) 중 어느 상황에도 도움이 안 되는 경우가 많은 것은 사실인 듯하다. 현실을 마주하기보다 관념적인 '마음의 안정'을 권하는 책들이 많은데, 힐링은 마음의 평화를 의미하지도 않고 그것이 바람직한 것도 아니다. 아니, 마음의 평화 자체가 불가능하다. 가장 확실한 마음의 평화는 죽음이기 때문이다. 인생에서 인간이 피할 수 있는 유일한 고통은, 고통을 피하는 고통이라고 한다. 브리짓 존스처럼 망신에 직면해 고통에 박치기하는 것이 최고의 힐링이라는 얘기다.

작년에 엄마가 돌아가셨다. 사연 없는 죽음이 어디 있으랴. 나는 1년을 누워 지냈다. 엄마의 부재를 인정하지 못하고 온갖 초자연적 증상을 겪으며 병원을 들락거린 끝에, 내게 빛처럼 등장한 치유는 '시묘(侍墓)'였다. 부모의 상중에 3년간 무덤 옆에서 막을 짓고 사는 시묘살이. 예전에는 그저 유교적 관혼상제, 허례 허식이라고 생각했는데 이보다 더 과학적 치유가 없는 것이다. 시묘는 피하거나 부정하는 방식이 아니다. 상실의 생활화다. 상실 곁에 내내 쪼그리고 앉아서 닿기만 해도 눈물이 터지는 쓰라린, 그러나 절대로 사라지지 않을, 이물질을 몸의 일부로 받아들이는 과정이다. 도피하는 한, 도피하면 할수록 고통은 품어지기보다 우리를 점령할 것이다. 살아남는 것이 최선인 세상에서는 현실을 으스러지게 껴안으면 조금 덜 아플지도 모른다.

2012. 12. 21.

소통할수록 외롭다

WWWW

　평일 오후 서울 지하철 2호선. 물건을 팔거나 연설을 하기에 적절한 인구 밀도, 승객들이 한눈에 들어온다. 노약자석은 넉넉하고 한두 사람이 서 있을 뿐이다. 그런데 앉은 사람 거의 모두가 스마트폰류의 기기를 들고 고개를 숙인 채 손가락을 바삐 움직이고 있다. 주위를 둘러보니 종이 매체, 신문도 아니고 사전만한 두꺼운 책을 든 '옛날 사람'은 나밖에 없었다. 조용해서 책 읽기엔 좋았다.

　커피숍, 버스 정류장, 식당, 심지어 눈앞에 스크린이 펼쳐진 극장에서도 비슷한 풍경과 자주 만난다. 이제 휴대 가능한 작은 컴퓨터는 도구를 넘어 몸의 연장(延長)으로서 신체의 일부가 되었다. "미디어는 메시지다."라는 문구로 유명한 1964년 마셜 매클루언의 걸작, 《미디어의 이해》의 부제는 이미, '몸의 확장'이었다. 절지(絶指). 써놓고 보니 약간 섬뜩하지만 문자 그대로라면, 컴퓨터 자판으로 글을 쓰는 이 시대에 절필(絶筆)을 하려면 붓이 아니라 손가락을 잘라야 할 것이다.

'향락 산업'. 즐거움을 누린다는 뜻이지만 사실은 외로움을 달래기 위한 성별화된, 성애화(sexualized)된 시스템이다. 나는 잠시 '저렇게 열심히 소통하는데 왜 어딜 가나 외롭다는 사람 천지일까' 생각했지만 곧 피식 웃고 말았다. 반복되는 우문이다. 이 질문은 전제 자체가 잘못된 문장이지만 언제나 강력하다. "정보통신 기술의 발달로 지구가 하나가 된다?" 많은 사람은 미디어의 발전이 의사소통의 질과 양을 진화시킬 것이라고 생각한다. 실제는 정반대다. 미디어, 즉 소통의 매개체가 발전할수록 소통은 힘들어진다. 앞서 말한 매클루언의 유명하지만 은근히 어려운 철학, "미디어는 메시지를 저장하거나 전달하고 수송하는 도구가 아니라 그 자체로 메시지의 내용"이기 때문이다. 세상을 멀리하는 방법은 간단하다. 휴대전화를 사용하지 않으면 된다. 휴대전화가 있는 사람은 그것이 없는 사람과 연결될 수 없다. 매체에 따라 의사소통 여부, 내용이 결정된다. 우리가 일상에서 흔히 하는 말, "전화로 할 얘기가 따로 있고 만나서 할 이야기가 따로 있는 것"이다.

미디어가 발전할수록 인간은 외로워진다. 인간은 도구를 만들지만 그 다음에는 도구가 인간을 만든다. 기술의 혁신은 새로운 정서와 사고를 낳는다. 내용은 형식을 따른다. '내용이 먼저냐, 형식이 먼저냐'라는 사고는 애초부터 의미가 없었다. 마치 몸과 마음을 분리하는 것과 같다. 내용과 형식은 같은 몸이다. '단언

컨대' 매체가 다양해질수록, 기능이 업그레이드될수록, 한마디로 자본주의가 발전할수록 인간관계는 조각나게 되어 있다. 할리우드 영화나 CNN이 인류를 통합하고 지구인들이 〈위 아 더 월드〉를 노래할 것이라는 보편성의 의지는 미디어에 대한 대표적인 착각이다. 시청자들은 남의 사정을 알게 됨과 동시에 화면의 세계와 자신의 삶이 얼마나 다른가를 알게 된다. 내가 사는 지역은 세상의 일부라는 것을, 현실은 여러 개라는 것을, 자신의 현실은 그중 하나일 뿐이라는 것을 깨닫게 되는 것이다.

소통(疏通)의 '소(疏)'가 멀어진다는 뜻도 지니고 있다는 점은 의미심장하다. 커뮤니케이션(com/munication)도 침묵을 공유한다는 어원에서 나온 말이 아닐까? 대화(con/versation)는 개종을 의미한다. 대화하려면 개종 수준의 낯섦과 설움을 각오해야 한다. 상호 개종이 일어나지 않는 대화는 '혼자 떠드는' 것, 소통이 아니라 소음이다.

소통할수록, 가까워질수록 외로워진다. 더 소통하고 싶기 때문이기도 하고, 그럴수록 메울 수 없는 차이를 발견하기 때문이기도 할 것이다. 우리는 모르는 사람들, 이해관계가 없는 이들에게서 상처받지 않는다. 친밀한 관계, 나를 잘 아는 사람에게서 더 상처받는다. 혼자 있을 때 덜 외롭다. 특히 자기 충족적인 사람, 자기 몰두형 인간은 혼자 있을 때 오히려 충만감을 느낀다. 말이 안 통하는 사람과 같이 있을 때 가장 외롭다.

외로움은 인간의 조건이다. 고독은 삶의 조건이자, 더 나아가 삶의 방식이다. 인간은 철저히 관계적(사회적) 존재이지만 동시에 각기 별도의 몸을 '가지고 있다'. 정확히 말하면, 존재는 개별의 몸이다. 인류가 절대 변화시킬 수 없는 단 하나의 진실. 사람은 누구나 혼자 태어나 혼자 죽는다. 올해 내겐 유난히 부고가 많았다. 그들을 그리워하면서 (그렇지 않은 사람도 있겠지만) 세상과 이별하는 순간 얼마나 무서웠을까, 얼마나 외로웠을까를 상상해본다. 벗어나려고 할수록, 극복하려고 애쓸수록 외로움은 더 맹렬해지는 것 같다. 그냥 이렇게 생각하기로 한다. 삶은 어두운 밤바다에 나 혼자 타고 가는 작은 배다. 하지만 이것은 나만의 운명이 아니다. 다른 배들의 불빛을 느낄 수 있다면 삶은 견딜 만한 것일지도 모른다.

2011. 12. 30.

미래는 오지 않는다

\\\\\\\\\

    중고등학생을 '1318'로 부르던 시기가 있었는데, 지금은 0세부터 30세 넘어 취업 때까지, 아니 평생을 자기 계발 강박으로 고달파하는 시대가 되었다. 신자유주의 시대에 증폭된 미래에 대한 불안과 국가와 사회의 역할 부재. 대비하지 않는 미래는 곧장 '노숙자 신세'일 것이라는 불안이 일상을 지배한다.

    "'지금' 공부 안 하면 '나중에' 저렇게 된다". 입시 교육의 핵심 레퍼토리다. 그러니 "조금만 참아". 물론, 모두 잘 참아서 나중에 모두가 '저렇게' 안 되면 좋겠지만, 욕망의 입구는 제한되어 있고 현재의 희생이 보상이 없다는 것을 우리는 잘 알고 있다. 그럼에도 승산 없는 도박에 기꺼이 참여하고 있다. 티켓의 제한과 결핍된 욕망이 저절로 통치를 가능케 한다.

    우리 제도 교육은 청소년 시기에 잘못된 미래 개념을 가르친다. 평생 불행하게 사는 가치관을 배우는 것이다. 누가 강요하지 않아도 알아서 미래를 준비하느라 다 같이 불행하다. 불안과 공포에 시달리는 대중을 지배하는 것처럼 쉬운 일은 없다. 공포(fear)는 실제처럼 보이는 가짜 증거(false evidence appearing real)다. 6년, 12년만 고생해서 '좋은' 대학에 들어가면, 만사 오케이라는 것. 요즘은 대학생들도 경쟁이 심하지만, 내 세대의 경우 고3이 끝나면 인생이 시작된다고 생각했다. 대학 입학 후에 비정상적인 해방감에 젖어 학과 공부를 안 하는 것이 '지성인'으로 취급될 정도였다. 나 역시 무슨 한풀이라도 하듯 사회과학과 문학에 빠져 살았다.

사실, 현재를 미래에 종속시키는 인생은 200년도 안 된 근대 자본주의가 만들어낸 시간관에 기반하고 있다. 직선적, 단선적 시간. 웹스터 사전에 시간은 "연속선상의 두 지점 사이의 간격"이라고 정의되어 있는데, 이는 사전 발행 시점에서의 개념이지 '원래' 의미는 아니다. 시간을 과거, 현재, 미래의 순서로 생각하는 것은 지금 상식이고, 17세기까지만 해도 이러한 시간관은 낯설고 불경스러운 것이었다. 근대 이전 농업 중심의 생활에서는 우리의 24절기처럼 태양의 운행과 계절의 순환에 근거한 순환적 시간관이 삶의 방식이었다. 우리는 직선적 시간관 시대의 정점에 살고 있다. 이 시대에는 시간의 최종 목표, 미래가 최고 가치다. 교육이 미래를 위해 도구화된 것은 당연하다. 교육, 아니 정확히는 학력도 아닌 학벌이 행복한 미래를 위해 계급의 재생산, 취업, 출세, 자아실현을 위한 수단이 되었다.

현대는 무기 분야나 정보 통신이 그렇지만, 17~18세기 서양에서는 시계 공업이 첨단 기술의 상징이었다. 시계는 태엽을 감거나 건전지로 작동하지만, 저절로 간다는 자동 기계의 이미지가 있다. 시계는 스스로 움직인다는 자동성 때문에 단순한 도구가 아니라 인간과 세계를 이해하기 위한 모델로 자리 잡게 된다. 인간 존재와 세계의 법칙성에 대한 비유로서 지위를 얻게 된 것이다("시계처럼 정확한 인간", "몇 년 뒤 세계는⋯⋯.").

현대인의 생활은 시간을 계산하며 사는 것이 가장 중요하다(고 믿는다). 나이 듦에 대한 혐오는 '남은 시간이 없다'는 공포 때문이다. 시간 개념 없이 사는 것은 불가능하다. 오늘날에는 지구의 모든 지점에서 현재 시각이 몇 시인지 정확히 알지만, 19세기까지만 해도 농경 사회에서 시간을 대충 계산했다. 아침, 점심, 저녁⋯⋯. 이 정도였다.

교통수단의 발달이 시간의 역사적 전환점이 되었다. 미국에서 철도가 가장 발달한 시기는 남북전쟁이 끝날 무렵부터 1차 세계대전 발발까지다. 산업 발달의 첫 단계는 우리의 경부 고속도로처럼 교통수단의 확보고, 육로의 대량 수송에서 철도는 필수적이다. 철도를 운영하려면 기차 시간표가 균일해야 한다. 이후 철도 효율화에 크게 기여했던 것은 1883년에 도입된 표준 시간이다. 이 표준 시간제를 채택하면서 북미 대륙(미국과 캐나다) 전체에 걸쳐서 4개의 표준 시간 대역이 생겨났고, 철도 서비스의 효율이 증진되었다.

상업의 발달 역시 시간 개념에 획기적 변화를 가져왔다. 장사를 하려면 미래의 위험 요소를 미리 계산해야 하고 상품 가격이나 대부 이윤을 측정해야 한다. 점차로 시간은 물량 단위의 대상(object)이 되었다. 지금은 '시테크'라는 개념이 낯설지 않다. 시간을 분할하고 조직해서 사용하는 것이 자연스럽게 느껴지지만이 역시 얼마 되지 않는 역사적 산물이다.

시간의 수량화, 계량화는 시간이 인위적으로 세분 가능한 물질이 된다는 것을 의미한다. 고등학교 때 누구나(?) 괴로웠던 미적분은, 시간이 양적인 개념이 되면서 발전한 대표적인 학문이다. 라이프니츠와 뉴턴은 미적분(微積分, calculus)을 정립한 사상가들이다(calculate=계산하다, 산출하다). 당시 지식인들의 사고에는 자연과학적 아이디어가 기본을 이루고 있었다. 라이프니츠는 철학의 수학화를 착안했다. 그는 과학적 인식 방법을 언어나 기호를 써서 계산으로 바꾸고자 했다. 뉴턴은 사물의 운동으로부터 연속적으로 변화하는 사물의 상태에 관심을 두었다. 그는 움직이는 상태를 순간적인 정지 상태의 반복으로 해석하여 운동하는 물체의 속도나 가속도를 계산하려고 했다. 뉴턴은 운동의 문제에서 미분을 생각해냈다.

적분(積分, integral calculus)은 쌓는다, 통합한다는 의미고 미분(微分, differential calculus)은 잘게 분리한다는 뜻이다. 미분법과 적분법은 서로 역관계(逆關係). 이 둘을 합쳐 미분적분학이라 한다. 어쨌든 미적분은 시간이 관념이 아니라 조립, 분해, 누적,

축적할 수 있는 물체라는 인식을 구현하는 데 큰 역할을 했다.

순환 시간에서 직선 시간으로의 변화는 인간의 사고방식에 혁명을 가져왔다. 원래 순환적 시간은 아시아에서도 유럽에서도 동일했다. 순환적 시간은 반복되는 하루, 사계 등 자연의 순환을 기초로 만들어진, 내부가 닫힌 원이다. 중국의 역(曆) 개념이나 아리스토텔레스의 원현(圓現)이 바로 이를 표현한 것이다.

순환의 시간은 과거 중심적이다. 순환은 아무리 변해도 원래대로 만든다, 원상태로 복귀한다는 개념이 전제되어 있다. 순환 시간은 돌고 도는 것이므로 과거와 현재밖에 없다. 원은 닫혀 있기에 미래 개념은 근본적으로 차단되어 있다.

이에 반해 직선적 시간은 미래를 향해 열려 있는 길의 이미지다. 인생이 끝없는 길, 험한 길, 가지 않는 길 등 길에 비유되기 시작했다. 이제 과거란 현재 이전의 시간이며 미래는 현재 앞에 놓이게 되었다. 과거, 현실, 미래는 순서이지 동시에 존재할 수 없게 된 것이다. 시간은 지나가고 흐르는 것이며 다시는 돌아오지 않는다.

즉, 계속 진행되는 시간의 비가역성(非可逆性)으로 인해 인생은 돌이킬 수 없는 후회의 연속이 된다. 지금 이 시간은 영원히 다시 오지 않는다. '지금'의 무한 확장, 영원한 신장성(伸張性). 시간은 영원을 향해 달려가는, 미래를 향해 무한대로 열려 있는 것이 되었다. 때문에 직선적 시간에서 가장 중요한 개념은 미래다.

역사가 과거의 이야기가 된 것도 직선적 시간관의 결과이다.

가장 중요한 문제는, 미래 개념이 인간의 행위에 거대한 변화를 가져왔다는 사실이다. 미래를 준비하거나 미래를 미리 실현할 수 있다는 발상에서 의지(will), 계획과 시도(project)라는 개념이 생겨났다. 이제 인생은 미래를 위한 것이 되었다. 미래를 선취(先取)할 수 있게 되었고, 그럴 수 있는 사람이나 사회가 문명의 상징으로 군림하게 된 것이다. 주지하다시피 제국주의의 침략은 그들 입장에서는 미개 지역에 대한 문명화 프로젝트였다. 마르크스가 영국의 인도 침략을 이러한 사명감에서 지지한 이야기는 유명하다.

개인의 의지와 노력으로 미래를 앞당길 수 있다는 발전주의가 문명의 원동력으로 등장하기 시작했다. 내가 노력하면 10시간에 읽을 책을 1시간에 읽을 수 있다, 월반(越班)이 가능하다, 일찍 대학에 들어가고 일찍 졸업한다, 몇 살까지 돈을 모을 수 있다 따위의 사고와 실천이 가능한 사회가 된 것이다. 전도유망(前途有望)한, 앞길이 창창한, 가능성 있는, 장래가 촉망되는……. 모두 미래가 좋을 것이라는 뜻이다. 그것은 노력으로 약속되어(promising) 있다. 약속이라는 개념 자체가 미래를 상정한 것이다.

이때부터 우리는 경쟁, 노력, 열심, 사명감 속에 살게 되었고 여기서부터 인생은 (무의미하게) 피곤해지기 시작했다. 가장 중요한 것은 자기 의지라는 개념이다. '하면 된다'. 우리가 매일 학교에서, 사회에서, 가정에서 지겹도록 듣고 체득하는 원리다. 불굴의 의지와 노력으로 미래를 일찍 실현하고 선점하면 성공한 인생, 선진국, 문명, 첨단이라는 영광을 얻게 된다. 미래를 위한 경쟁이 인간의 삶이 된 것이다. 미래라는 목표를 위한 달리기 시합이 인생이다. 여성, 장애인, 가난한 사람은 이 달리기에서 기회와 조건이 모두 불리하다.

그렇지만, 미래(未來)는 글자 그대로 '오지 않는다'는 뜻. 미래의 도착을 기다리는 현재가 미래다. 미래는 오지 않는다는 불가능성이기 때문에, 언제나 끊임없이 추구하지만 도달이란 있을 수 없다. 당도의 순간이 곧 현재이고, 도달한 이후 새로운 미래가 생겨난다. 이 아이러니가 우리를 지배하고 있다.

그러니 우리가 이른바 '낙오자'에게 또는 자포자기할 때 하는 말인 "쟤는(내겐) 미래가 없어."는 어불성설이다. 이 말은 직선적 시간관 때문에 생긴 말인데, 모순적이게도 직선적 시간관에서는 성립할 수 없다.

'우리에게 내일은 없다'라는 제목의 영화가 세 편 있다. 〈보니와 클라이드(Bonnie and Clyde)〉의 번역인 1960년대 미국 영화, 한국 영화 〈우리에게 내일은 없다〉(2007년)와 동명의 일본 영화 (2008년)가 있다. 모두 미래에 대한 반항과 좌절을 담고 있다. 내일이나 미래는 희망을 상징한다. 그래서 그것이 있다/없다는 개인에게 매우 중요한 문제로 간주된다. 그러나 실제로는 현재가 바로 미래이기 때문에 그런 표현을 하고 싶다면, "오늘이 없다"가 맞을 것이다.

열린 미래는 오늘을 위해서 오늘을 사는 것이다. 미래가 없기는 가난한 청춘이나 '사회 부적응자'나 중산층이나 부자나 스펙 좋은 사람들이나 모두 마찬가지다. 장밋빛 미래는 노력에 의해 가능/불가능한 게 아니다. 미래 자체가 올 수 없는 것이다. '잘 나가는 사람'을 비롯해서 모든 인간에게 미래는 없다. 미래 지향적인 사람에겐 더욱(?) 없을지도 모른다. 닿을 수 없는 것. 존재하지 않는 시간인 미래를 위해 현재의 삶을 유예하는 것은 근대 인간의 가장 큰 비극이다. 그리고 우리 청소년들은 이 비극의 상징적인, 동시에 실질적인 볼모이다.

2013. 가을

5장

남성에 대하여

'더러운 잠'

\\\\\\\

   나는 지금 '정권 교체를 열망하는 남성 시민'을 위해 이 글을 쓴다. 나 역시 정권 교체를 바라지만, 여성과 남성은 그 방법이 다른 것 같다. 박근혜 대통령의 나체 합성 그림이 포함된 "표창원 의원과 함께하는 '표현의 자유를 향한 예술가들의 풍자 연대' 전시회", '곧, BYE! 展'은 철 지난 뉴스가 아니다. 이 사건은 오천 년 인류 역사를 요약하는 동시에 앞으로도 반복될 이슈이기 때문이다.

   문제가 된 그림 〈더러운 잠〉은 프랑스 화가 에두아르 마네 (1832~1883)의 〈올랭피아〉를 '패러디'한 작품이라고 한다. 이 작품은 지난 1월 20일부터 국회의원 회관 로비에 전시되었다가 논란이 일어나 철거되었다. 마네는 웬만한 미술 교과서에 나오는 〈풀밭 위의 점심〉, 〈피리 부는 소년〉으로 유명한 인상파 화가다. 올랭피아는 당시 매춘 여성들의 흔한 이름이었다.

   〈더러운 잠〉을 보면서 나는 다음에 주목했다. 〈올랭피아〉의

'흑인 하녀', 그리고 주인공인 '창녀'가 관객을 정면으로 응시하는 시선이 핵심이다. 최순실 씨는 결코 그림 속 흑인 하녀와 같은 지위가 아니고, 올랭피아의 당당한 눈동자와 박 대통령의 눈빛은 한참 거리가 있다. 패러디는 원작을 충실히 이해했을 때 가능하다. 그러므로 이 작품은 패러디가 아니다. 작가가 가져온 것은 여성의 벗은 몸뿐이다. 작가는 "박 정권에 이 정도 저항도 못하냐."라고 항변했지만 천만의 말씀, 이것은 '저항'이 아니라 권력 행위이며 본인이 그토록 적대하는 세력에 바친 '자살골'이다. 이 그림은 박근혜 정권에 분노하는 '시민'의 시각이 아니라 '남성'의 입장에서 재현된 것이다. '표현의 자유'와 아무런 상관이 없다. 작가의 인권 수준만 보여준 셈이다. 이 그림은 '비상 시국'마다 등장하는 여성에 대한 '일상적인' 폭력의 전형이다. 적절한 비교는 아니지만, 전두환 씨가 대머리라고 해서 '대머리 남성' 전체의 인권이 짓밟혀서는 안 되듯이, 혹은 강남역 살인 사건의 범인이 전직 신학생이라고 해서 모든 신학생이 살인자 취급을 받아서는 안 되는 것과 같은 이치다.

어떤 여성이 내게 좋은 질문을 했다. 그 그림의 작가가 여성이었다면? 마찬가지다. 여기서 문제는 누가 그렸는가가 아니다. 가부장제 사회에서 여성의 몸과 남성의 몸은 작가의 의도를 떠나 사회적 의미가 전혀 다르다. 그것을 모르는 사람은 없다. 벗은 몸은 성별 중립적이지 않다. 남성에게 여성의 나체는 쾌락이다. 남성들은 돈을 주고 여성의 몸을 구매한다. 그러나 여성의 경험은 다르다. 남성의 성기 노출이 범죄인 이유다.

한편, 이 사건의 가장 큰 피해자는 표창원 의원의 부인이다. 표 의원은 그 그림을 그린 사람도 아니고 작품 선정에 관여하지도 않았다. 그런데 '박사모'가 그의 부인을 〈더러운 잠〉 속 박 대통령처럼 그려놓은 것이다. 이 사건의 '하이라이트'다. 나는 그들의 사고방식을 이해할 수 없다. 표 의원이 박 대통령의 누드화를 그렸다 해도, 복수를 하려면 표 의원의 벗은 몸을 그려야 하는 것 아닌가? 그의 부인이 무슨 상관인가. 나는 '박사모'의 대응이 가장 비판받아야 한다고 생각한다. '박사모'는 남성 연대라는 방식으로 그 어려운, '여야 대연정'을 실현했다.

상대방이 '자기 여자'의 누드화를 제작하고 전시해서 모욕감을 느꼈다면, 남성들끼리 벗기면 된다. 왜 '상대방의 여성'을 벗기는가. 약자의 몸은 강자의 전쟁터다. 청일전쟁이 한반도에서 일어났듯이, 한국전쟁이 미국과 소련의 대리전이었듯이, 가부장제 사회에서 여성의 몸은 남성의 전쟁터다. 여성은 남성의 소유물이라는 인식에서, 남성들 간의 권력 투쟁이 여성의 몸에서 벌어지는 것이다. 전쟁 시기에 적국 여성에게 가하는 성폭력부터 일상의 성매매까지, 수천 년 동안 여성의 몸은 그렇게 사용되어 왔다. 가까운 예로는 '군 위안부' 문제를 대하는 일부 한국 남성들의 태도를 들 수 있다. 이 일을 인권 문제가 아니라 한국 남성의 소유물(한국 여성)을 일본 남성이 탈취하고 망가뜨린 사건으로 보기 때문에 "우리도 일본 여성을 강간하자!"라는 말이 나오는 것이다.

촛불집회에 참여한 시민들의 입장은 같지 않다. 어떤 이들은 시민보다 남성 정체성이 더 강하다. 어떤 이들은 정권 교체를, 어떤 이들은 보다 근본적인 변화를 원한다. 서두에 썼듯이 나는 이 글을 정권 교체를 열망하는 남성들이 읽었으면 한다. 범야권은 이번 사건의 중대성을 인식해야 한다. '여성' 대통령 누드화는 여성과 상식 있는 시민에게 불쾌감을 줄 뿐이다.

남성은 국민이든, 시민이든, 민중이든 자신을 보편적 인간으로 생각한다. 성찰이 어려울 수밖에 없다. 일단, '더러운 잠'에서 깨어나길 바란다. 이후 깨달음의 고통이 있겠지만 언제까지 '한남'으로 살면서 나라를 망칠 것인가. 정권 교체를 이루고 최순실 무리를 뿌리 뽑아야 풍자다. '태극기 집회' 세력과 여성의 벗은 몸을 공유하여, 야권을 남성과 여성으로 분열시키는 것은 저항이 아니라 '이적' 행위다.

2017. 2. 20.

혼외 성애

//////

며칠 전 학부모 대상 강의를 갔는데, 의외의 질문을 받았다.
유명 영화감독과 여배우의 혼외 관계를 어떻게 생각하느냐는 것
이다. 질문한 수강생을 실망시키기는 싫었지만, 관심 없는 사안
이라고 말했다. 굳이 말하자면, 이는 여성 노동권 문제다.

간통죄 존폐 논란 때부터 내 의견은 없거나 유보적이었다. 우
선 '간통(姦通)', '외도(外道)', '바람'은 뜻과 어감 모두 적절한 표
현이 아니므로 이 글에서는 '혼외 성애(섹스, 관계, 사랑)'라고 하
겠다. 통념과 달리 한국 남성의 혼외 섹스는 사랑보다 성 구매
의 성격이 강하다. 일부일처제는 근대 중산층 핵가족의 규범일
뿐 인류 역사상 한 번도 실현된 적은 없다. 남성이 자원을 독점
한 사회에서 복지 제도로서 일부다처제든 혼외 성애든 성 산업
이든, 남성 사회는 일부일처제를 보완하는 다양한 제도를 마련
해 왔다.

혼외 성애는 찬반, 시비, 대책 마련 차원의 문제가 아니다. 수

천 년의 역사를 누구에게 물을 것인가. 성차별 위에 구축된 가족 제도에서, 혼외 관계의 원인과 결과는 성별에 따라 의미가 다르다. 유부남의 혼외 성애는 두 여성의 사랑을 받지만, 유부녀는 두 남성에게 노동하는 경우가 많다. 가부장제 사회에서 성과 사랑은 남성에게는 프라이버시지만 여성에게는 생존, 자아 개념, 시민권의 문제다.

국경을 초월한 사랑은 있어도 젠더와 계급을 넘는 사랑은 없다. 이처럼 사랑의 자유와 사랑의 조건이 대립하는 상황에서, 혼외 성애를 '사랑의 자유'라고 주장하는 것은 낭만화된 무지다. 모성을 비롯해 그 어떤 사랑도 무조건적이지 않으며 영원하지 않다. 사랑만 한 정치경제학도 없다. 지난 50여 년 동안 여성주의는 성과 사랑을 정치적, 공적 의제로 만들기 위해 투쟁해 왔다.

성별을 바꾸어 생각해보자. "남성이 전업 주부로서 평생 아내에게 헌신한다. 덕분에 아내는 영화감독으로 성공했다. 치매에 걸린 장모도 간호했다. 아내는 자기 어머니가 돌아가신 날, 아들뻘의 남자 배우와 '행복하고 싶다'며 떠난다. 이 사연은 실시간 검색어 1위로 등극한다. 온 국민이 이 전업 주부 남성의 고통과 모욕을 알게 된다." 이런 경우가 있는가?

50대 유부남과 30대 미혼 여성의 사랑. 이 전형적인 낡은 뉴스에 대해 '사랑의 찬가'를 부르는 이들도 있다. 어떤 젊은 여성들은 나이 든 여성의 노동으로 자원과 매력을 갖게 된 남성의 사랑을 받을 수 있다. 여성의 노동이 남성을 '사람'으로 만들고 그 남성은 다른 여성을 사랑할 자격을 얻는 것. 교묘한 분할 통치다.

여성의 경제적 지위는 바닥인데 성과 사랑에서만 평등이 가능할 수 있을까. 이때 여성은 성별화된 자원(젊음과 외모)을 내세울 수밖에 없다. 성 역할-이성애-결혼 제도-성매매의 연속선 개념이 여기서 나왔다. 한국 여성의 지위가 향상되었다는 말만큼 유언비어인 것도 없다. 여성 노동의 증가를 지위 향상으로 착각하는 것이다. 한국은 경제협력개발기구(OECD)가 남녀 임금 격차(gender wage gap)를 발표한 2000년부터 부동의 1위를 지켜 왔다. 2014년도 역시 압도적 1위였다. 한국 여성은 남성보다 36.7퍼센트 덜 받는다(2위 에스토니아는 26.6퍼센트). 2015년 〈이코노미스트〉가 발표한 유리천장 지수에서도 한국은 29개 조사국 중 29위를 기록했다. 세계경제포럼의 성차별 지수 역시 145개국 중 115위다.

한국 여성의 교육 수준은 세계 1~2위인데, 노동 시장 지위는 최하위권이다. 국가, 사회, 남성, 가족 제도가 변하지 않은 상태에서 여성의 대책은 개인적 차원의 모색일 수밖에 없다. 고용 차별과 가사 노동까지 이중 노동을 하거나 가능성 있는 남자를 만나 '누구의 아내'로 살거나 비혼(非婚), 이렇게 세 가지다. "착한 여자는 천당 가지만 나쁜 여자는 어디든 간다."는 말이 있지만, 실은 어떤 여자도 딱히 갈 곳이 없다. 아낌없이 투자(내조)할 만한 '잘난' 남자를 만나기도 힘들지만, 강제든 자발이든 노동 시장 진입을 포기한 고학력 여성은 사회 대신 가족 제도를 통해 자아 실현을 시도한다. 하지만 그녀의 선택은 세상 그 어떤 보험으로도 보장받을 수 없는 위험이 있다(남편의 '새로운 사랑'). 결혼은 미친 짓이 아니라 도박이다.

이처럼 혼외 성애의 근본 원인은 성차별이다. 해결될 문제가 아니다. 이렇게 반문하는 이들이 있을 것이다. 그렇다면, 결혼한 이들은 사랑이 식은 뒤에도 한 사람과 계속 살아야 하나요? 이 질문에 답할 수 있는 이는 없다. 하지만 '불같은 사랑'이라고 해서 책임과 윤리가 면제되는 건 아니다. 사랑은 가장 치열한 권력 투쟁의 영역이지만, 당사자들은 탈정치적인 태도를 취한다. 이것은 불성실한 삶이다.

나는 모든 사랑에 찬성한다. 그러나 자연스러운 사랑은 없다. 세 사람의 사회적 지위와 매력은 철저히 구조에 의해 결정된다. 그/그녀만의 매력 따위는 없다. 그것은 사회적으로 만들어진 것이다. 현재의 열애 역시 영원하지 않다는 상식이 동반되어야 한다. 그래서 사랑은 쉽지 않은 것이다. "사랑은 아무나 하나, 그 누가 쉽다고 했나." 이 노래의 의미를 깨닫고 죽는 사람, 많지 않다.

아내의 헌신으로 출세한 유부남의 사랑을 막을 수는 없다. 다만 나는 이 문제를 보편적인 고통의 관점에서 생각해보기를 제안한다. '누가 가장 잘못했는가'보다 '누가 가장 고통받는가'를 중심으로 생각하자. 더불어 그녀의 고통이 노동 시장의 성차별, 가족 제도의 산물임을 잊어서는 안 된다.

2016. 7. 11.

알파고 정치

\\\\\\\\

애초 나는 알파고가 바둑 챔피언에 도전하는 서양 사람 이름인 줄 알았다. 생각해보니, 사람이라고 해도 맞는 이야기다. 원래 인공은 사람 몸의 확장, 일종의 미디어이기 때문이다. 혈액과 세포가 없어도 안경, 철심, 컴퓨터 등 기계는 몸의 일부가 된 지 오래다. 이는 내 생각이 아니라 "미디어는 메시지다"로 유명한 문화비평가 매클루언이 1960년대에 주장했던 바다. 사이보그나 로봇 역시 '인간적' 성질과 기능(직관, 추리, 자율성……)을 갖추고 있다. 과학 기술 담론은 그 범위가 확대될수록 '인류의 진화', 'SF소설이 현실이 되었다'며 인간의 위대함을 찬양한다.

SF, 사이언스 픽션은 '과학적으로' 말하면 모순이다. 공상을 현실에 실현하는 과정이 과학인지는 모르겠으나 공상 자체는 과학이 아니다. 통념과는 달리 대부분의 SF 장르 특히 영화는 가장 진부한 장르다. 할리우드산 블록버스터 SF 영화는 대부분 상상력과 과학의 문제를 다루기보다 미국 중심의 국제정치학을 담고 있다. 은유도 아니다. 대놓고 말한다. 인류를 멸망시키려는 외계인의 공습이 있고 지구의 수호자를 자처한 미국이 나서서 그들을 물리치는 스펙터클한 화면. 이를 통해 미국은 자국의 과학 기술을 자랑하고 인류의 지도자로서 등극을 반복한다. '북한'이나 '소말리아'가 지구를 구하는 영화를 본 적이 있는가? 만일 남한이 외계인을 발견했다면 미국에 신고할 것이다.

미국이나 백인 남성처럼 인간을 표상하는 그룹이 외부와 접촉하면 우리는 이를 대결이라 부른다. 그러나 '비(非)인간(유색 인종, 여성……)'과 외계의 접촉은 오염이나 오염 여부를 실험하는 장이 된다. 전자는 우리를 기쁘게 하지만 후자는 혐오감을 준다. 영화 〈디스트릭트 9〉은 외계인과 싸우는 내용이 아니라 그들을 감시하고 격리하는 얘기다. 이런 일에는 미국이 나서지 않는다. 이런 텍스트는 SF 블록버스터가 아니라 '예술 영화', '정치 영화'가 된다(남아프리카공화국의 아파르트헤이트 정책을 SF로 풀어냈다).

'인간과 기계의 대결', '누가 더 우수한가' 식의 사고는 위험하다. 누구도 인간을 대표할 수 없으며 사회는 균질하지 않다. 이러한 언설의 효과는 차별을 비가시화하고, 억압자와 피억압자를 단결시킨다. 우리는 알파고를 통해 가장 뛰어난 인간 이세돌, 가장 발전한 인간의 기술(구글)과 동시에 동일시되어 열광했다. 소재가 바둑이어서 다행이다. 군사력이라면 어떻겠는가. 과학의 발달은 차별과 지배 없이는 불가능하다. 연구는 불평등을 해소하기 위해서가 아니라 불평등을 전제한 사고에서 출발한다.

우리는 거꾸로 생각해야 한다. 개인의 현실은 천차만별이고 과학의 필요성 수준도 인구 수만큼이나 다르다. '일자리가 없어진다', '인간성 상실'은 인공 지능 상용화의 결과가 아니라 출발이다. 과학 발전을 주도하는 세력이 '어떻게'보다 '왜'를 먼저 고민하는 경우가 아니라면 말이다. 불행히도 과학 기술에 대한 관심과 투자가 대다수 인류인 장애인, 환자, 가난한 이를 위한 사례는 역사상 '없었다'. 과학의 발달이 지구와 인간 구성원 모두에게 도움이 되지 않는다면, 의인화된 과학의 자기 도취처럼 역겨운 것도 없다.

반면 '킹콩', '슈렉', '미녀와 야수'를 생각해보자. 인간이 동물이나 반(半)인간과 접촉할 때(사랑과 섹스) 인간의 대표가 남성인 경우는 없다. 반드시 여성이다. 남성이 반인간과 사랑에 빠지면 상대방은 죽는다(인어공주). 이때 여성의 몸은 새로운 종(種)의 출현을 위한 실험 도구가 된다. 인간과 기계, 동물과의 섹스는 끔찍하다고 생각하지만 신화, 동화나 영화에는 수없이 재현된 익숙한 이야기다. 여기서 여성은 인간이 아니라 인간(남성)이 만든 인공물이다. 여성과 킹콩 사이에 '아기'가 태어나는 장면은 등장하지 않는다. 여성도 킹콩도 인간이 아니기 때문이다.

과학 발전이 곧 인간의 진화라고 믿는 발전주의자들과 논쟁할 생각은 없다. 다만, 인공 지능 개발에 들어가는 천문학적 비용을 인류의 정보 격차, 아니 당장 물 부족과 에이즈를 해결하는데 조금만 분산 투자하기를 바란다.

마지막으로 인간의 능력에 대한 오해를 바로잡는 데《프랑켄슈타인》만 한 소설도 없을 것이다. 이 작품에서 '괴물'이 자신을 만든 프랑켄슈타인 박사를 죽이는 이유는 '피조물에 의한 인간 지배'가 아니다. "나도 사람들처럼 사랑하는 사람(여자 피조물)을 만들어 달라."는 괴물의 외로움 때문이었다. 친밀감, 사랑, 감정은 유기체만의 특성이자 가장 강력한 능력이다. 인간과 인공 지능의 능력을 결정하는 것은 유형화된 사고가 아니라 감정이라는 에너지다. 그런 점에서 이번 대국은 이세돌 9단의 완벽한 승리다. 물론 구글이 가장 많은 돈(효과)을 벌었지만 돈이 곧 승리는 아니니까.

2016. 3. 21.

대통령과 소설가가 남자라면

\\\\\\\\

  내가 초등학생일 때 '우리나라 대통령'은 박정희였다. 나이 오십을 앞둔 지금, 우리나라 대통령은 그의 딸이다. 내 생각엔 그녀가 아버지의 '치적을 능가'할 듯하다. 그녀가 마음먹은 일은 국정 교과서든, '창조 국방'이든, '배신자 응징'이든 거의 성공했다.

  가장 큰 이유는 사랑받기 때문이다. 야당 성향의 유권자들을 제외하면, 대부분의 국민들은 그녀를 정치인이나 대통령으로 (아예) 생각하지 않는다. 이 때문에 대통령으로서 마땅히 받아야 할 비판이나 요구가 그녀에게는 해당되지 않는다. '박정희의 딸 박근혜'와 '대통령 박근혜'는 철저히 분리되어 있다. 두려움과 사랑. 군주가 백성에게서 둘 중 하나를 쟁취해야 한다면, 당연히 두려움을 얻어야 한다는 마키아벨리의 '영원한 이론'이, '조국 근대화를 이룬 아버지'의 딸에겐 적용되지 않는 것이다. 공권력의 폭력은 두렵지만, 그녀는 두렵지 않다. 사랑은 '박심(朴心)

투표'로 연결되고 여기서 자유로운 정치인은 없으며, 선거는 그녀의 거의 유일한 정치적 능력이다.

대통령이나 유명인이 여성일 때 곤혹스러운 문제가 있다. 물론 이는 여성의 잘못이 아니다. 신경숙 씨 표절 논란이 있을 때, 나는 표절 이후 우리 사회의 대응에 관해 비판 글을 쓴 적이 있다. 나의 대학원 생활 경험상, 학계의 표절과 문학이나 예술 분야의 표절은 상황이 다르다는 것을 모르지 않는다. 학술 논문과 달리, 예술의 표절 기준은 모호하고 따라서 관대한 편이다. 나역시, 신경숙 씨의 오랜 독자이며 그 모호함을 이해한다. 이 때문에 나는 당시 내 글이 그리 '센 비판'이라고 생각하지 않았다. 그런데 독자로부터 다음과 같은 메일을 받았다. "같은 여자로서 신경숙의 성공에 대해 함께 기뻐하지는 못할망정 남자보다 더 심한 비판을 할 수 있느냐, 여성의 시기심이 더 강하다는 사실에 절망한다."라는 내용이었다.

내가 감히 신경숙 씨의 경쟁자도 아닐뿐더러, 여기서 나와 신경숙 씨는 여성이 아니다. 나는 그때 여성으로서 여성을 비판한 것이 아니라 '독자'로서 '작가'에 대해 말한 것이다. 우연히 성별이 일치했을 뿐이다. 여성은 남성과 마찬가지로 다양한 사회적 정체성과 역할을 하며 살아가는데, 여성의 행동은 성별만으로 환원되는 경우가 많다.

나는 신경숙 씨든 누구든, 여성의 사회적 성공을 지지하고 기원한다. 이유는 간단하다. 그것이 내게 유리하기 때문이다. 내가 속한 성별, 계층, 지역 등 사회적 약자 집단의 힘이 커지는 것은 내게도 중요한 일이다. 약자에게 배당된 파이가 커져야 그 집단에 속한 나도 '얻어먹을 게' 생긴다. 직원 10명을 뽑는데, 여성을 1명 뽑을 때와 4명을 채용할 때 어느 쪽이 여성에게 유리하겠는가. 나는 '4명 뽑는 세상'을 위해 투쟁한다.

비슷한 일이 있었다. 2015년 10월 29일 박 대통령은 이화여대를 방문했다. 이를 저지하는 학생들과 경찰의 충돌이 있었고 대통령은 무사히 행사장에 입장했다. 비공개로 진행된 행사에 참석한 여성 인사들과의 모임은 '화기애애했다'고 한다. 이를 보도한 종합 편성 채널의 남성 앵커는 다음과 같은 요지로 말했다. "여대생이 여성 대통령을 반대한다니, 이해할 수가 없군요. 여성이 여성을 배척하는 이런 분위기, 어떻게 보십니까?" 이 사건 역시 여성이 여성의 방문을 반대한 것이 아니라 '대학생'이 '대통령'에게 항의한 경우다. 학생들이 여성 혐오가 있어서 여성 대통령 입장을 막은 것이 아니다. 행사장의 '좋은' 분위기는, 여성과 여성의 관계가 아니라 보수와 보수의 정체성이 일치했기 때문이다.

이러한 예는 일상에 무수하다. 남성과 남성이 갈등하면 대리와 과장의 싸움이 되지만, 여성 상사와 여성 부하의 갈등은 '여자의 적은 여자'라는 말이 자연스럽게 나온다. 남자의 적도 남자다. 남성들의 투쟁은 여성의 그것보다 더 격렬하지만, 그들의 싸움은 '노사 갈등'이거나 '국제 정치'지, 같은 성별 간의 질투로 비하되지 않는다. 남성 대통령이 남녀공학 대학을 방문했을 때 반대 시위가 벌어졌다면 "남성들은 남성의 성공을 시기하는군요." 이런 멘트가 가능할까. 탁월한 여성 정신분석학자 카렌 호나이는, 여성의 사회 진출에 가장 방해되는 구조는 여성 간의 갈등을 '시기심'으로 명명하는 사회라고 분석한 바 있다.

성차별의 가장 기본적인 개념은 여성의 존재를 시민, 노동자, 지식인, 공무원 등 그들이 직접 수행하고 있는 다양한 역할이 아니라 '여성'과 '여성의 성 역할'로만 제한하는 규범과 제도이다. 그래서 작가에 대한 독자의 언급은 시기심으로, 대학생들의 국정 비판은 여성 대통령 개인에 대한 적대감으로 여겨지는 것이다.

2015. 11. 19.

일베와 소수자 혐오

〽〽〽〽

　연휴 전 번잡한 거리에서 서명 운동이 한창이다. "짐승도 그 짓은 하지 않습니다." 다른 표현도 있을 텐데. 성 소수자 인권 단체 회원인 나로서는 내용은 물론 방식도 불쾌했다. 동성애 반대 서명 운동이었는데 무조건 볼펜부터 쥐여준다. 가는 길을 막고 강요하길래, '했다'고 말하고 빠져나왔다.

　대개 서명 운동은 진상 규명이나 피해 보상 등을 주장한다. 그런데 최근 일부 기독교 세력의 동성애 반대는 '행위'를 반대한다는 것인가, 동성애자인 '사람'을 반대한다는 것인가? 이상한 캠페인이다. 마치 장애를 반대한다, 장애인을 반대한다, 검은색을 반대한다, 흑인을 반대한다는 것처럼 시비를 떠나 문법상 가능하지 않다고 생각한다.

　'재특회(在特會 · 재일 한국인의 특권을 용납하지 않는 시민의 모임)'라는 일본의 극우 단체가 있다. 일본 근대사에서 조선인, 오키나와인, 대만인을 대상으로 자행된 노동 착취와 멸시를 여기에 쓸 필요는 없을 것이다. 일본은 대만 원주민을 문명화의 대상으로 보고 '물고기', '생번(生蕃·야만인)'이라고 불렀다. 아직도 일부 지역에서는 '조선인과 개(犬)는 출입 금지'라고 써 붙인 식당이 있을 정도다. 재일 조선인은 투표권도 없다.

문제는 자이니치(재일교포)가 특권을 누리고 있으며 그것을 용납하지 않겠다는 사고방식이다. 이들은 주로 시위, 건물 난입, 폭행, 혐오 발화를 통해 자신의 올바름을 주장한다. '재특회'는 일본 사회의 최대 약자인 자이니치를 차별하자는 단체가 아니다. 그들이 특권을 누리고 있으므로 막아야 한다는 사명감에서 출발했다.

우리의 '일베'(일간베스트저장소)도 재특회와 비슷하다고 생각한다. 이제까지 한국의 여성 혐오 현상은 일베가 주도한 것처럼 인식되어 왔다. 그 이유는 여성이 남성의 일자리를 뺏어 갔다는 잘못된 인식과 분노 때문이라는 것이다. 그러나 이러한 성별 분석은 사실이 아닐뿐더러(여성은 남성의 일자리를 '뺏어 가지 않는다') 실제 일베 사용자들이 혐오하는 집단이 여성에 국한되지 않는다는 점에서 설득력이 부족하다. 또한 일베 사용자 중에 10~15퍼센트 정도는 여성이라고 한다.

그들은 성적 소수자, 특정 지역민, 이주 노동자, 장애인, 복지 정책을 요구하는 부모('맘충') 등 '루저'나 복지 비용이 들어간다고 간주되는 약자에게 더 적대적이다. 지난번 일베에서 활약했던 KBS 수습기자 사건에서 보듯이 '중상층' 사용자가 상당하다. 일베가 공격한 집단 중 여성들이 온라인에서 조직적으로 반발하고 대응했기 때문에 여성 혐오만 돋보인 것이다. 여성처럼 약자가 아닌 이들이 누리는 특권이 부당하므로 용납하지 않겠다는 것이다.

재특회나 일베를 KKK단이나 독일의 신(新)나치 같은 서구의 전통적인 혐오 세력과 비교해보면 흥미로운 차이를 발견할 수 있다. 백인 우월주의자는 흑인이나 이주 노동자가 특권을 누리거나 지위가 높기 때문에 활동하는 것이 아니다. 그들의 주장은 '진정한' 헤이트 스피치(혐오 발화)다. 그들의 증오는 '논리적'이다. 유색 인종이나 이주 노동자는 더럽고 무질서하고 머리가 나쁘고 게으르고 우생학적으로 열등해서, 사회를 퇴보시키는 이들이기 때문에 우월한 자기들과는 함께 살 수 없다는 것이다. 한·일 혐오 세력의 "특권 세력이 더 큰 특권을 요구하고 있다."와 서구의 "저들은 열등한 족속이므로 몰아내야 한다."는 상반된 주장이다. 전자는 약자를 강자로 둔갑시키는 반면, 후자는 자신의 우월성을 증명하려는 활동이다.

일베는 보수 세력이 '잃어버린 10년'이라고 주장하는 김대중, 노무현 정권 때부터 조직되기 시작한 우익 시민 사회의 본격적인 등장이 아닐까 싶다. 이들이 꿈꾸는 국가는 뭔가 다른 것 같다. 상생을 위해 노력해야겠지만 기본적으로 계급과 성별 관계는 모순이다. 이들의 이해(利害)는 대립한다. 이 때문에 사회는 계층과 성별에 대해서 '평등'을, 장애인, 이주 노동자, 동성애자에 대해서는 '관용과 배려(다양성, 동화)'를 대안으로 내세운다.

물론 미국의 정치학자 웬디 브라운의 유명한 지적대로 장애, 인종, 이성애 제도 역시 정치적 모순이지만 자유주의 국가는 이를 관용으로 탈정치화한다. 권리를 시혜로 변질시키는 것이다. 일베는 그조차 용납하지 않겠다는 것이다.

그런 의미에서 일베는 제국주의로부터 전 지구적 자본주의 그리고 국가가 글로벌 도시 연대가 된 지금, 충격받은 구한말 양반 세력의 일부일지도 모른다. 일베가 시대착오적 집단이라는 얘기가 아니다. 원래 시대에 대한 판단은 구성원마다 다르므로 사회 통합을 위해 정부가 나서서 '건국 67년'이 되었다고 알려주었으면 좋겠다.

2015. 10. 1.

성적 자기 결정권

WWWW

결혼 제도 바깥의 성에 대한 규제는 국가가 가족에 어디까지 개입할 것인가의 문제다. '간통죄'(이상한 단어다) 위헌 판결은 이 법이 가족을 보호하는 데 더는 효력이 없음을 인정한 것 같다. 국가에 가족은 매우 중요하다. 우리나라처럼 사회 복지 비용을 전적으로 가족 내 여성의 성 역할 노동으로 떠넘기는 사회에서, 가족은 가장 안전한 세원(稅源)이다.

우리는 미국과 달리 배우자의 '외도'(더 이상한 단어다)가 가정을 파괴하지 '않는다'. 가족이 친밀한 공동체라기보다는 자녀 양육, 입신양명의 단위로 도구화되었기 때문에 혼외 사랑은 가족 붕괴의 범퍼다. 집 밖에서의 친밀감으로 내부의 갈등과 지겨움을 견뎌내는 것이다. 이번 판결은 개인의 성적 자기 결정권을 보호해서가 아니라 가족 해체에 대한 국가의 위기 관리 능력(?)을 보여준 예다.

성적/자기/결정권은 자유에 관한 권리가 아니다. 무엇이 성적인 것인지, 나는 누구인지, 결정의 범위는 어디까지인지……, 근대 인문학을 총동원해도 규명하기 어려운 문제다. 이 단어가 출현한 역사를 살펴보는 것이 도움이 될 것이다. '성적 자기 결정권'은 시민권 운동에 이은 1970년대 미국의 성 해방 투쟁에서 등장했다. 이 권리는 그간 성적으로 억압되었던 여성과 동성애자에게만 해당되는 것이었다. 이성애자 남성은 오천 년 동안 '해방'되어 있었기 때문에 애초부터 논외였다. 일반 남성에게 성적 자기 결정권은 권리가 아니라 기득권이다.

이후 1990년대 초 한국 사회. 아동 성폭력 사건의 피해자가 성인이 되어 가해 남성을 살해한 사건이 있었다. "나는 사람이 아닌 짐승을 죽였어요."라는 법정 진술로 유명해진 이 사건이 계기가 되어 시작된 성폭력특별법 제정 운동에서 성적 자기 결정권은 중요한 개념이었다. 여성의 성을 순결 차원으로 보는 현실에 대한 저항이었다. 특별법 이전에도 처벌법(소위 정조에 관한 법)이 있었지만, 이때 성폭력은 여성 개인의 권리를 침해한 것이 아니라 순결을 빼앗는 것을 의미했다. 여성의 성은 자신의 몸에서 분리되어 남성들 사이에서 '뺏고 빼앗기는' 대상, 즉 남편, 가족, 국가의 소유물이라는 인식이다.

이처럼 성적 자기 결정권은 누구에게나 적용되는 당연한 권리가 아니다. 모든 자유가 그렇듯 타인의 권리와 충돌한다. 이 때문에 다른 인권 개념처럼 약자의 권리일 때만 의미 있는, 상황에 따른 권리다. 간통죄, 성매매 모두 성적 자기 결정권과 무관하다. 성매매방지법이 시행된 2004년에도 논란은 대단했다. 여성의 몸을 구매하는 것을 인권(행복 추구권)이라고 주장한 남성들, 생존권 차원에서 합법화를 요구한 일부 여성들, 성 산업의 심각성과 여성에 대한 폭력 현실을 지적한 여성들이 있었다. 문제는 대화가 불가능한 현실이다. 남성은 생계 차원에서 성 판매를 하지 않는다.

남성들 간의 차이는 보편적인 '계급 문제'로 인식되지만, 여성들 간의 차이는 '여성 문제'로 치부된다. 남성 간의 계급 투쟁은 당연시되지만 여성에게는 '자매애'가 강요된다. 성 산업에 종사하지 않는 여성이 관련 발언을 하면 내용과 상관없이 남녀, 여성주의자, 종사자 모두에게 비난받는다. 언제나 당당한 집단은 구매 남성들이다.

10여 년 전 여성부나 현재 여성가족부를 포함한 성매매 반대 입장의 주요 내용은, 당시 여성부의 표어대로 "성을 사고파는 것은 범죄입니다."이다. 나는 이 문구에 늘 당황한다. 성매매가 범죄인 것은 성을 매매해서가 아니다. 성매매는 성별, 성차별 제도 없이는 작동하지 않는다. 그래서 결정권이 아니라 여성 인권 문제다. 성(몸)매매가 왜 불법인가? 누구나 노동과 임금을 교환해서 먹고산다. 남녀가 같은 일에 종사해도, 여성이 '더 파는 것'처럼 보이는 성차별이 있을 뿐이다. 손발, 머리 등 몸의 어느 부분을 주로 사용하느냐에 따라 어떤 이들은 '지식인'이고, 어떤 이들은 '노가다'로 분류된다. 거듭 강조하는 바, 성매매는 매매가 아니라 성별이 문제다.

　너무 비대하고 괴이해서 국제 사회에서도 특이한 사례인 한국의 성 산업 규모까지 문제 삼을 능력은 없다. 다만 찬반 주장 이전에 사회적 논의가 필요하다. 구매자와 판매자가 압도적으로 남녀로 나뉜 직업이 성매매 말고 또 있는가. '창녀'와 '창남'은 같은 지위의 단어인가. 같은 인구수와 역사를 갖고 있는가. 성매매 제도는 여성 전반을 성적 낙인 속에 가둘 수 있는 여성 혐오의 시작이다. 왜 이 직종은 자영업이 힘든가. 왜 인신매매가 흔한가. 왜 기술이나 지식, 근무 연수가 아니라 나이가 소득을 좌우하는가. 성매매는 자기 결정권과 무관하다. 남녀의 성에 대한 이중 잣대에서 출발하는, 인권의 보편성에 대한 가장 오래된 질문이다.

2015. 4. 17.

어느 시민 단체의 후원금

//////

남성 권익을 내세운 시민 단체 대표가 '1억 원 후원'을 외치다 목숨을 잃는 사고가 발생했다. 자세한 내막은 알 수 없으나 '단체 운영의 경제적 어려움'이 가장 가시화된 이유다. 시민 단체 대표가 대중에게 직접 운영비 문제를 하소연하는 경우는 드문 일이다. 하지만 이번 일이 아주 생소한 사건은 아니다. 나는 사회 운동 관련 글을 쓰기 위해 이른바 보수 성향의 시민 단체 활동가 50여 명을 인터뷰한 적이 있다. 그들의 주장은 '반김(정일) 반핵', '성 구매 권리 확보', '한·미동맹 강화', '동성애 금지' 등 다양했지만, 신념에 따라 행동하는 사람답게 예의 바르고 헌신적이었다. 게다가 상근비 없이 직장 생활을 병행하면서, '오로지 옳다는 신념에서' 자기 돈을 써 가며 활동하는 경우도 많아서 인간적인 감명을 받기도 했다.

그들 중 몇몇이 이번 사건과 비슷한 이야기를 했다. "저쪽(진보)에 비해 이쪽 사람들(보수적 시민)은 지지는 해도 돈은 잘 안 내요. 그 사람들은 열성적이죠. 돈을 잘 내요. 그게 부러워요."
내가 왜 그런 것 같냐고 물으니 "원래 '좌빨'들은 지독하잖아요.
우리는 독기가 없어. 독기가."라는 엉뚱한(?) 답이 돌아왔다.

보수와 진보, 이성애자와 동성애자, 백인과 유색인, 서울과 지
방, 비장애인과 장애인, 빈부, 남녀의 관계는 이분화되어 보이지
만 대칭적이지 않다. 빈부 문제가 가장 쉬운 예일 것이다. 이들
간의 관계, 즉 차별은 흔히 이야기하듯 '시대적 추세'에 따라 역
전되는 간단한 문제가 아니다. 물론 변화는 있지만 열거한 문제
들은 현상이 아니라 사회가 구성되는 원리이기 때문이다.

"예전에 비하면 여자들 살기 좋아졌어, 장애인 처우가 나아졌
어, 지금 굶는 사람은 없잖아⋯⋯." 이런 말이 오갈 때 나는 묻
는다. "그들한테 직접 물어보셨나요? 본인이 아닌데 그걸 어떻
게 아세요?" 이처럼 일단 말하는 사람의 위치성이 논쟁거리다.
말의 정당성은 문구 자체보다 누가 말하는가에 따라 결정된다.
그래서 "당신 말은 옳지만, 당신이 할 소리는 아니야."라는 말
이 있는 것이다. 차별받는 당사자가 "저의 지위가 많이 상승했어
요."라고 말하는 경우는 드물다. 당사자가 아닌 사람은 대개 구
조적으로 '가해자'의 입장에 있으며 타인의 현실을 모른다. 따라
서 이 문제에 관한 발언 자격이 없다. 마치 일본이 우리에게 "예
전에 비하면 너희에게 잘해주고 있지 않니."라고 말하는 격이다.

두 번째. '나아졌다'는 판단은 어느 시대에 근거한 것일까. 중
세에 비하면 누구나 나아졌(을지 모른)다. 내가 가장 많이 듣는

말 중 하나는 "조선 시대에 비하면 지금 여자들은……"인데, 나아졌는지 아닌지 나는 모른다. 누가 알겠는가? 내 의문은 여성이든 장애인이든 '거지'든, 왜 이들의 처지는 항상 과거와 비교되는가이다. 만일 2013년의 한국을 미국의 1600년대(조선 시대)와 비교한다면 기분 좋겠는가.

장애인의 지위는 당대 비장애인의 지위와 비교해야지, 왜 조선 시대 장애인의 지위와 비교하는가. 중산층 여성의 지위는 중산층 남성과 비교해야지, 왜 가난한 남성과 비교하는가. 현대 여성의 지위는 현대 남성과 비교해야지, 왜 조선 시대 여성과 비교하는가. 여성(51퍼센트)과 장애인(15퍼센트)을 합치면 비장애인 남성 인구보다 많다. 다시 말해 여성이나 장애인은 내부 차이가 크기 때문에 특정 집단의 지위 상승 여부는 통계상으로도 쉬운 판단이 아니다. 따라서 나는 이 이슈에 관심이 없다. 사람이 아니라 과거와 비교되는 사람들! 이것이 차별 논쟁의 진짜 이슈가 아닐까.

거칠게 요약하면, 현재 여성 '지위 상승'의 실제 내용은 극소수 여성의 성취일 뿐이고, 공사 영역 모두에서 여성의 '역할'(노동) 증대를 의미한다. 여성의 사회 진출만큼 남성의 가사 노동 시간이 증가하지 않았으므로 여성 '지위 상승'은 여성의 이중 노동일 가능성이 크다. 특히 남성들 간의 계급 차이에 대한 일부 남성의 분노가 '커리어우먼'에게 전가된 것이다. 남성 연대를 깨지 않기 위해 계급 이슈가 성별로 둔갑한 경우다. 여성의 지위

상승을 가정해도 그것이 남성의 지위 하락으로 직결되지는 않는다. 이러한 제로섬 사고방식은 세상이 오로지 성별 제도로만 굴러간다고 생각할 때 가능하다.

이제, 정답(?). 보수 단체의 후원금이 적은 이유는 당연하다. 기부금을 내는 이유는 자기 이해를 대변해 달라는 절박성, 윤리적 책임감, 사회적 연대 등 다양하다. 내가 여성 단체에 회비를 내는 것은 바로 나 자신의 문제이기 때문이다. 반면 보수 단체에 대한 지지는 바로 후원금이 되지 않는다. 남성을 포함해 상식적인 시민들은 '차별받아야 할 사람들의 지위가 상승해서 기분이 나쁘다'는 이유만으로 지갑을 열지 않는다. 내가 만난 보수 단체의 헌신적인 활동가에겐 미안한 말이지만, 이는 자연스러운 현상이고 다행스러운 일이다.

2013. 8. 30.

취객과 성매매

WWWWW

성 산업은 워낙 많은 이들의 이해관계가 얽혀 있어서, 경찰은 과중한 단속 업무와 비난에 동시에 시달린다. 성매매가 제대로 적발되지 않는 이유는 수십 가지겠지만 흥미로운 사정이 있다. 최근 읽은 책에서 경찰의 하소연에 공감했다. "선진국은 야간에 할 일이 없다. 야간 취객이 적다. 우리처럼 취객에게 시달리지 않으니 다른 일을 할 여유가 생긴다." 이는 남성 문제 혹은 남성들 사이의 문제 때문에, 국가 권력(남성)이 남성을 관리하기에 바빠 국민(여성)을 보호하지 못하는 현실을 보여준다.

많은 한국 남성에게 술은 일상의 동반자다. 게다가 음주 문화에 지나치게 너그럽기 때문에 타인에 대한 무례나 사회적 물의, 범죄 행위에도 관대하다. 술은 모든 상황의 알리바이다. 술만 마시면 아내를 구타하든, 성폭력을 하든, 공공장소에서 용변을 보든 모든 상황이 참작(參酌)되고 감안된다. 정상 참작(情狀參酌). 이 단어 자체에 술을 붓는다는 '작(酌)'이 포함되어 있으니, 술은 인간 행위를 판단하는 필수적 고려 요소인 듯하다.

최근 경찰은 전국적으로 상습 만취 상태의 폭력, 줄여서 주폭 (酒暴) 사범 검거와 캠페인에 주력하고 있다. 술주정을 넘어 지역 사회와 주거 지역에서, 그리고 가족 간에 일어나는 술로 '인한' 폭력이 심각하기 때문이다. 한국 남성은 왜 그토록 술을 많이 마실까. 폭탄주 강요 등 음주 문화는 왜 그리 폭력적일까.

그런데도 다른 사회에 비해 알코올 중독자가 많다는 논의는 별로 없다. 나는 실제로도 '덜할' 것이라고 생각한다. 알코올 중독은 혼자 주기적으로 마시는 경우를 말한다. 한국 남성은 사회 생활과 업무의 연장에서 집단적으로 마시기 때문에, 많이 마신다 해도 병리 용어인 '중독' 개념 사용을 기피하는 심리가 있다. 술과 성매매는 두 가지 직접적 관련이 있다. 경찰의 호소대로 "야간 취객 때문에 단속 인력이 모자란다"는 것과 룸살롱 등지에서 주류 판매와 성매매가 같이 이루어진다는 것이다. 일부(?) 남성은 술만 '여자를 끼고' 마시는 것이 아니다. 노래방, 호프집, 업무상 출장, 골프장, 이발소, 목욕탕, 아예 성 구매를 목적으로 하는 관광…… 움직일 때마다 여성의 '위안'이 필요한 것일까.

음주 상태에서 인간 행동의 변화 양상은 자연과학의 의제일지 모른다. 그러나 술로 '필름이 끊긴' 사람도 전혀 다른 사람이 되지는 않는다. 술을 마셔도 남녀가 성별을 바꿔 행동하지는 않으며, 모르는 외국어를 갑자기 구사하지도 않는다. 술을 마셔도 아무나 때리지 않는다. 대개는 '집에 와서, 가족'을 구타한다.

'술을 마셔서 때리는' 게 아니라 '때리기 위해 술을 마신다'가 더 정확하다. 술과 여자. 나는 남성들이 이 둘(?)을 좋아한다고 생각하지 않는다. 이는 남성이 해결할 수 없는 문제에 대한 무능력, '인생고'의 상징이자 단기 해소책일 뿐이다. 술은 물건이고 여성은 사람인데 언제나 동격으로 취급된다. 남성에게 술과 여자가 같은 역할을 하기 때문이다.

성매매는 남성 연대의 대표적 관행이다. '에이전트'(포주)의 성별과 관계없이 판매자 혹은 '판매 상품'과 구매자는 절대적으로 성별화되어 있다. 여성을 상품으로 상정하고 남성 사이에서 여성을 교환하는 것이 성매매의 기본 구조다. '성 접대' '성 상납'이 가장 직접적인 사례다. 상납(上納). 글자 그대로, 무엇인가를 윗사람에게 바친다는 것인데 대개는 상품권이나 돈, 과일, 술을 주지 않나? 성 상납은 성(性)을 바친다는 것이다. 여자 상납인데, '여'를 생략하고 '성'만 사용하는 것은 여성=성이라는 인식 때문이다. 드문 경우겠지만 남성이 여성에게 뇌물을 바쳐야 할 상황이라면, 보석을 주지 남자의 몸을 가지라고 할까? 한편, 남성의 성이 상납되지 않는 것은 동성애 금기 때문이다.

성매매가 가능하려면 여성의 인격은 물화(物化)되어야 한다. 여성의 몸은 남성 세계에서 '윤활유', '범퍼' 역할을 위해 판매되고, 대여되고, 유통된다. 남성들 사이의 갈등을 여성의 몸을 통해 해소하는 것이다. 여성은 이용 대상일 뿐이므로 성매매는 여성과 무관한 남성의 문제다.

세상은 남성들끼리 싸우고 화해하고 연대하고 복수하는 그들만의 세상이다. 문제는 나머지 시민들은 남자들 사이의 '전쟁과 평화' 때문에 평안하지 않다는 것이다. 이탈리아 서부 영화의 고전인 〈좋은 놈, 나쁜 놈, 추한 놈(the ugly)〉(1966년)은 김지운 감독의 〈좋은 놈, 나쁜 놈, 이상한 놈(the weird)〉(2008년)으로 진화했지만, 실은 '놈놈놈'이라는 축어처럼 언제나 그들은 같은 진영이다.

2013. 5. 10.

권리를 배려한다?

〰〰〰

　몇 년 전 지하철 노약자석에 '인권은 배려입니다' 글귀가 적힌 국가인권위원회의 공익 광고가 붙은 것을 본 적이 있다. 나는 나름 문제의식을 느끼고 위원회와 인권 단체에 이 문구의 문제점을 지적하고 수정을 요구했다. 하지만 사람들의 반응은 한결같았다. "배려가 뭐가 나쁘냐."

　모든 인간은 법 앞에, 신 앞에 평등하지만 우리가 매일 경험하듯 현실에서도 그런 것은 아니다. 평등은 지향이고, 현실에서는 사람들이 처한 상황이 각각 다르기 때문에 인권은 배려가 아니라 갈등하고 경합하는 가치다. 그런데 '사회적 약자에 대한 배려' 주장은 이 희미한 평등 개념조차 우아하게 배반한다. 누가 누구를 배려해야 한다는 것일까? 돈 없는 사람이 돈 있는 사람을 배려할 수도 없는 노릇이고, 구조적 가해자(강자)가 피해자(약자)를 배려한다는 것도 어불성설이다.

　노약자석의 경우 장애인, 임산부, 노인에게 우선권이 있는 것은 배려가 아니라 그들의 권리다. 당연한 권리를 상대방이 선심을 베푼다고 주장하며 고마워할 것을 요구한다면 불쾌감을 넘어 억울한 일이다. 배려나 관용은 '잘난 사람'이 그렇지 않은 사람에게 베푸는 선의가 아니다. 배려는 동등한 적대자(適對者 혹은 敵對者)와 자기 자신에게만 국한되는 윤리다.

대통령 선거 후일담은 끝이 없지만, 내게 인상적인 사건 중 하나는 서울 마포구청 도시경관과의 불법 행위와 '구민 혐오'다. 마포구에 사는 성적 소수자(LGBT, 레즈비언·게이·양성애자·트랜스젠더) 모임인 '마포레인보우주민연대'는 구청에 현수막 게시를 신청했으나 거절당했다. 이 소식을 들은 김소연 무소속 대선 후보는 당초 현수막을 걸 계획이 없었지만 연대 차원에서 "지지와 성원에 노동자 계급 정당 건설로 함께하겠습니다."라는 낙선 사례와 함께 "LGBT, 우리가 여기 살고 있다.", "이곳을 지나는 열 명 중 한 명은 성 소수자입니다."라고 적힌 이 단체의 현수막을 동반 게시했다.

그러나 구청 측은 다음과 같은 이유를 들어 현수막을 철거했다. "청소년들이 유해 내용을 접할 수 있다." "과장 문구는 불법이다. 직설적 표현에 유해성이 있다." "문구가 혐오스럽다."라는 것이다. 해당 부서의 주장은 선동에 가깝다. 이는 담당 공무원의 개인적 편견을 공무로 집행한 사적인 행위다. 대통령 선거 관련 현수막 게시는 선거법에 보장되어 있다. 철거가 불법임은 물론 현수막 내용을 '일개 구청'이 검열한 초유의 사태다.(새누리당이나 민주당의 현수막을 구청이 검열하거나 철거할 수 있을까?)

통계적으로 어느 사회나 전체 인구의 51퍼센트는 여성, 10~15퍼센트는 동성애자, 10퍼센트는 장애인, 9퍼센트는 왼손잡이다. 이들이 정치적 약자일지는 몰라도 적은 인구라는 의미의 소수자는 아니다. 모든 동네에 이들이, 즉 '우리'가 살고 있다. 특정한 주장을 펼친 것도 아니고 남을 해친 것도 아닌데, 단지 '나, 여기 있어요'라는 알림(?)이 '유해, 혐오, 직설, 불법'이라는 것이다. 타인의 생각에 반대할 수는 있다. 그러나 존재 자체를 부정하는 것은 공중에 대한 공공연한 위협이다.

일부지만, 이들이 21세기 세계적인(?) 메트로폴리탄 서울의 공무원이라니! 동시에 나는 이들이 일부라고 생각하지 않는다. 마포구청 해당 부서만의 문제가 아니라는 것이다. 이 사건은 거의 알려지지도 않았다. 나는 소수자로서 두려움을 느꼈다. 이 사건이 왜 문제인지조차 모르는 사람들이 대다수일 것이다.

내 궁금증, 이 글의 요지는 이것이다. 만일, 현수막 내용이 "여기 우리가 살고 있다."가 아니라 "성 소수자(외국인 노동자, 성 판매 여성, 장애인……)도 인간입니다. 그들을 배려합시다."였다면, 상황은 달라졌을지 모른다. 우리 사회는 억압받는 당사자의 목소리보다 지위가 높은 명망가가 명분상 그들을 대의(代議)하는 방식을 좋아하고, 대중은 명망가와 자신을 동일시한다.

'우산을 빌려주는 것이 아니라 같이 비를 맞는 것'이 인생이라면, 배려는 우산을 독점하고 선별해서 우산을 나눠주려는 권력의 만행을 도덕으로 포장한 행위다. 정말 배려하고 싶다면, 원래 보장된 남의 권리를 시혜로 둔갑시키지 말고 자기 기득권을 포기해야 한다. 아니, 타고난 타인의 권리에 대해 자신이 판관 노릇을 할 수 있는지에 대한 상식, 분별력, 주제 파악이 선행되어야 한다. 경쟁자를 배려한다면, 전쟁 중에 상대방을 배려한다면, 지치고 외로운 자신을 배려한다면 그게 마음의 평화요, 인류의 평화다. 배려는 이때만.

모든 차이는 임의적, 허구적인 것이다. 차이가 만들어지는 방식은 차치하고라도, 다름의 공존이 허용되지 않는 사회에서 그 누가 생존할 수 있겠는가. 인간은 기준에 따라 모두 소수자다. 단적으로, 나이 들지 않는 사람은 없다. '소수자 배려' 운운 말고 자신의 소수자성을 발견하고 드러내 다른 소수자와 연락하며 살아야 한다.

2013. 1. 18.

외모주의

\\\\\\\

케이블TV에서 본 미드의 한 장면. "당신, 경찰이지?" "어떻게 알았나?" "아무 데서나 설치는 무법자가 둘 있지, 경찰과 미녀. 당신은 여자가 아니니까 경찰이겠지." 실제 통용되는 불문율인지 우스갯소리인지 모르겠지만 '예쁜 여자는 줄을 안 서도 된다'는 애기는 예전부터 있었다. 하지만 지금 '성형 미인'이 새치기를 한다면? 최근 몇 년 동안 한국 사회에서 '미인의 지위'는 급변했다. 성형 수술과 다이어트는 미용 차원이 아니라 거의 모든 사람들이 실천해야 하는 자기 관리로 인식되고 있다.

흥미롭게도 이러한 미의 '대중화', '민주화'는 미인의 지위 하락(?)과 동시에 외모 제일주의를 강력한 담론으로 등극시켰다. 현재 한국 사회에서 그 어떤 이데올로기가 외모주의를 당해낼 수 있을까? 북한 '미녀 응원단'에 대한 남성들의 열광은 반세기가 넘도록 이 땅을 지배해 온 반공주의, 북한에 대한 혐오와 멸시조차 가뿐히 극복할 수 있음을 보여주었다.

10대, 20대 여성의 소위 '하의 실종' 패션 같은 특정 연령대의 명백히 성별화(性別化)된 현상조차, 인간의 보편적 욕구 표현으로 보도하는 뉴스도 등장했다.(50대 남성이 '하의 실종' 옷차림을 했다면? 경범죄일 것이다.) 내가 알기로 오천 년 가부장제 역사상 여성이 인간 대표로 재현된 적은 처음(?)이 아닌가 싶다. 얼짱 간첩, 얼짱 강도, 얼짱 테러리스트……. 미모라면 '국가의 적'이든 '공공의 적'이든 문제되지 않는 세상이다.

이렇게 쓰긴 했지만, 사실 나는 외모주의에 별다른 불만이나 비판적 관점을 가지고 있지 않다. 이건 누군가가 말리고 반대한다고 해서 멈춰질 사안이 아니다. 그 어떤 정치적 올바름이나 비판 의식도 이 욕망을 이길 수 없다. 사람들의 욕망도 그렇거니와, 전 지구적 몸짱 열풍에 대한 뛰어난 보고서이자 분석서인 수지 오바크의 《몸에 갇힌 사람들》(김명남 옮김)에 따르면, 다이어트 '증세'는 95퍼센트가 재발하기 때문에 관련 산업은 불경기가 없단다.

오히려 내가 다소 의아하게 생각하는 부분은, 흔히 외모주의의 대안으로 제시되는 '내면의 아름다움'이라든가(지나친 다이어트와 반복적 성형 수술이 심각하므로) '자기 몸을 소중히 하자' 같은 언설들이다. 인간의 내면은 어디에 있나? 아름다움과 추함은 결국 몸으로 체현된다. 사람이 몸이기 때문이다. 몸이 아니라 마음? 이 논리는 착한 여자와 예쁜 여자의 이분법도 무너진 마당에, 몸과 마음을 분리하는 불가능한 관념일 뿐이다. '얼굴이 착하다'라는 말처럼, 이미 외모는 인격으로 간주되고 계급, 문화적 수준, 지역, 학력 등 개인 정보(?)는 외모를 매개로 가시화되고 있다.

외모주의에 대한 사회적 개입을 좀 다른 방향에서 시작할 순 없을까? 예를 들어, 자기 외모는 열심히 가꾸더라도 타인의 외모에 대한 평가는 조금 자제할 수도 있지 않은가. 타인의 옷차림과 몸에 대한 코멘트는 인권 침해가 되기 쉬운 부분인데도 우리 사회에서는 마치 무슨 안부 인사처럼 당연시하는 경향이 있다. 그리고 꼭 외모주의 때문만은 아니겠지만 의료 인력이 성형외과나 피부과에 집중되는 것은 심각한 공중 보건 문제를 낳기도 한다. '선진국 일본'에서도 산부인과 의사 인력 부족으로 일 주일에 평균 한 명의 산모가 출산 사고로 사망하고 있다.

이런 문제들을 자본주의의 불가피한 부작용이라고 생각할지 모르겠지만, 외모주의는 플라톤 시대부터 시작된 인간의 개념과 관련된 철학의 근본 의제였다. 서구 남성 중심의 전통적인 철학 체계에서 합리적 인간은 이성으로 몸을 통제할 수 있는 사람을 의미했다. 이에 대한 현대인의 버전은 몸을 이성의 성취 대상으로 삼는 것이다. 잘라내고, 다듬고, 먹는 것을 통제해 몸을 아름다움 추구라는 이성의 기획에 굴복시키는 것이다. 몸과 이성의 이분법과 이성에 의한 몸의 지배라는 인간관에 의하면, 인간은 두 종류로 구분된다. 실제 플라톤은 체액 통제 여부를 기준으로 삼아 인간의 이성 능력을 판단했다. 침, 배설물, 진물, 땀, 피, 양

수, 눈물, 콧물, 가래 등 체액을 스스로 통제하지 못하는 사람들 (노인, 유아, 임산부, 여성, 환자, 장애인)은 이성을 갖지 못한, 따라서 인간의 기준에 미달하는 사람이라는 것이다.

물론, 인간의 삶은 이와 정반대다. 누구나 아프고 나이 든다. 남성이어서 가능한 실천이기도 하겠지만, 1925년생인 철학자 나카무라 유지로는 이렇게 말했다. "치매에 걸려 대소변 못 가리고 침 흘리는 나의 '추한' 몸을 되도록 많은 사람에게 보여주고 싶다. 이것이 정상적인 인간 모습의 일부라고 알리고 싶다." 문제는 외모 지상주의라기보다 인간 몸의 다양성, 즉 현실성을 인정하는 것이다.

2011. 9. 30.

차별의 '효능'

\\\\\\\\\\

우연히 그리고 개별적인 의지로 내 어머니를 포함한 우리 집 여성 세 명은 대학원 과정을 공부해서 남동생과 아버지보다 학력이 높다. 아버지는 늘 이 사실을 두고 우리가 '여성 상위' 집안임을 강조하시며, 그것을 '허락'한 당신 자신에 대한 자부심이 대단하시다. 아버지는 자신이 또래(1937년생) 남성으로서는 보기 드문 '(서구적이고 근대화된) 지식인'이며 '페미니스트 남성'이라고 생각하신다.

며칠 전 아버지의 이런 자부심이 약간 지겨워진 나는, 아버지의 인식이 '여성 해방'과 거리가 멀고 또한 '객관적 사실'이 아님을 알려드리기 위해 조심스럽게 이견을 표명했다. "아빠, 우리 집 여자들이 공부를 오래한 것은 그냥 개인적 선택, 노력이고요. 우리 집에 왜 성차별이 없어요? 아버지는 회사 일만 하셨지만, 엄마는 교직에 집안일에 당신 공부에 삼남매 키우기까지 얼마나 고생이 많으셨는데요. 그리고 저는 어렸을 적부터 남동생 운동화 빨고 도시락 싸고 그랬다고요." 나는 조금 흥분해서 숨을 참아 가며 말했는데, 아버지는 느긋한 반격의 자세로 충분히 해명 가능하다는 듯 아래와 같이 말씀하셨다.

"아, 그건 네가 여자라서 일을 더 한 것이 아니라, 누나로서 당연히 할 일을 한 것이지." "아니죠, 제가 만일 여동생이라도 남자 형제 운동화는 제 담당이었을 걸요." 이때 아버지는 나의 인격에 크게 실망하신 표정으로 말씀하셨다. "그렇게 생각하다니, 우리 큰딸을 다시 봐야겠구나. 그게 어떻게 차별이냐? 다른 형제들보다 일을 많이 하면 훌륭한 인간인 거지, 그게 왜 차별당한 거냐?"

나는 대꾸할 논리를 잃었다. 당황했다. 남학생과 달리 공부도 하고 집안일도 해야 했던 여학생의 이중 노동이 차별이 아니라 '훌륭한 인간'의 징표라는 생각도 어이가 없었지만, 더 큰 문제는 아버지가 나의 문제 제기를 대화가 아니라 '당신에 대한 도전'으로 생각하시고 크게 상처받으신 것이다. 아버지는 일명, '딸 바보'. 당신은 큰딸인 나를 특별히 예뻐했다고 생각하시기 때문에 나와의 이견 자체를 불쾌해하셨다. 일명 '가해자'의 상처.

주체의 자유와 휴머니즘은, 타자의 노동과 그 노동이 비가시화되기 때문에 가능한 것이다. 이 과정에는 두 가지 극단적 인식이 동반된다. 혐오와 숭배. 상대에 대한 우월 의식과 동시에 상대를 미화, 성화(聖化)하는 것이다. 아마 가장 대표적이고 질긴 이데올로기는 모성일 것이다. 내 어머니의 노동은 성스럽지만 남의 어머니(아줌마)의 노동은 비하된다. 시골(사람)은 아름답고 인정 많다는 생각과 더불어 낙오되었다는 이중 인식도 그렇다. 물론, 이러한 이중 메시지는 사실도, 진실도, 현실도 아니다. 그렇게 생각해야 맘이 편한 사람들의 무지를 기반으로 한 자기 합리화, 그리고 권력을 기반으로 한 자기 성찰 면제가 가져온 착각일 뿐이다.

위에 적은 우리 부녀의 대화에서 보듯 차별은 자유, 평화, 민주주의, 평등처럼 정의하기 매우 어려운 개념이다. 이는 애매하거나 모호하다는 의미라기보다는 이해관계, 권력관계의 문제이기 때문이다. 가해자와 피해자가 뒤바뀌기 십상이며 소통(疏通)하려고 애쓸수록 말 그대로 멀어지는(疏) 경우가 많다. 여성부가 있는 나라는 우리밖에 없다느니, 한국처럼 가정에서 여성의 지위가 높은 사회는 없다는 류의 이야기를 많이 듣는다. (이 글의 요지에서는 벗어나지만 '답'을 말하자면, 여성부는 우리나라에만 있는 것은 아니다. 여성부가 여성의 지위 향상을 위해 일하는 것도 아니며, 여성부가 존재하는 것은 여성을 일반 국민이 아닌 '이주민'처럼 특수 범주화하기 때문이다. 또한 가정에서 여성의 지위가 높은 것이 아니라 정확히 말하면, 여성의 노동과 역할이 많은 것이다.)

나는 여성의 이중 노동을 차별이라고 느꼈지만, 아버지는 그것이 훌륭한 인격을 갖춘 자의 선행이며 그런 면에서 여성이 남성보다 '우월한' 존재라고 생각하신다. (역시 이 글의 요지에서 벗어나지만, 나는 페미니즘이 여성의 우월함을 주장하는 것이 아니라고 알고 있고, 또한 이중 노동이 인간성의 우월함의 증거라면 왜 사람(남성)들은 훌륭한 인간이 되기 위해 이중 노동을 하지 않는가!) 누구 말이 '맞는가'? 여성의 이중 노동으로 이득을 보는 사람은 누구이고, 그것이 이득인지 아닌지를 정의하는 권력을 지닌 사람은 누구인가?

우선, 이 글에서 '서울', '광주', '동대구', '부산' 등의 용어는 일종의 비유라는 것을 분명히 하고 싶다. 나는 지방 강의를 가는 일이 많은데 주로 KTX를 이용한다. 전국(?)을 다니다 보면 모든 면에서 내가 사는 지역(서울 지방)과 다른 지방, 그리고 지방과 지방이 저절로 비교된다. 인심, 음식, 경제, 경관을 비교할 만큼 오래 체류하지는 못하지만, 교통 상황만큼은 확실하게 체험하게 된다. 주지하다시피 한국 사회에서 교통 문제는 결국 서울과의 거리, 서울에의 접근성 문제이지 수치상의 거리는 별 의미가 없다. 서울을 거쳐 가는 것이 거리상으로는 멀어도 편리한 경우가 허다하다. 세계화가 곧 미국화를 의미하고 국제 사회가 미국 중심으로 돌아가는 것과 비슷한 이치일 것이다.

나는 철도 회원(코레일 회원)인데, 처음 가입할 때 일정 금액을 내면 포인트가 적립되며 그 포인트로 기차표 구입이 가능하고 할인도 되는 일종의 '우대' 카드를 받는다. KTX가 정차하는 광역자치단체 정도의 도시에는 역마다 코레일 회원만 입장 가능한 코레일 라운지가 있다. 커피, 인터넷, 휴대전화 충전기 등이 무료이고 텔레비전을 보면서 쉴 수 있는 공간이다. 지방 강의의 동선이 힘든 경우가 많기 때문에 나는 코레일 라운지에서 이메일 처리, 물 마시기, 수면 등의 업무(?)를 주로 처리한다. 내 입장에서는 유용한 공간이 아닐 수 없다.

그런데 광주역과 광주송정리역 두 곳 모두, 이 코레일 라운지가 없다. 또한 광주역은 동대구역과 부산역 규모의 5분의 1 정도 크기로, 내가 사는 집 근처의 서울 지하철역보다 규모가 작다. 당연히 편의 시설, 카페, 상점을 기대하기 어렵다. 동대구역에 빵집이 10개 있다면, 광주 송정리역에는 도넛 가게 한 개인 식이다.(이 글은 2012년에 쓰였다.) 서울에서 동대구까지는 빠르면 1시간 40분, 늦어도 두 시간이 안 걸린다. 광주는 KTX가 의미가 없다. KTX를 타도 예전과 비슷하게 3시간 넘게 걸리지만 요금만 비싸졌다. 불평등은 끝이 없다. 서울에서 동대구, 부산까지 운행하는 KTX의 배차 간격은 10분, 15분 정도이다. 웬만한 서울 지하철보다도 짧은 간격이다. 그러나 서울-광주 노선은 1시간 30분 간격으로 배정되어 있다. 목적지까지 걸리는 시간도 그렇지만, 특히 배차 간격은 광주행 강의를 기피하게 하는 요인 중 하나다. 동대구나 부산은 거의 실시간으로 강의 시간을 맞출 수 있는 반면, 광주는 거리에서 허비하는 시간이 많을 수밖에 없기 때문이다.

얼마 전 나는 광주의 한 강의에서 '중립적인 서울 사람으로서' 이러한 차별에 대해 이야기했다. 지금 생각하니, 마치 나만 당했다는 듯 '여러분은 분하지 않느냐'는 요지로 열변을 토했던 것 같다. 집에 오니 당시 수강생이었다는 나정수 님으로부터 다음과 같은 '놀라운' 이메일이 도착해 있었다. 그분의 허락을 받아 여기 그대로 옮긴다.

"…… KTX 문제와 관련하여 저도 서울에 자주 다녀야 하는 입장이라 매우 불편할 때가 많습니다. 하지만 KTX와 연관되어 있는 서울 중심성을 생각할 때 어쩌면 지금 우리(광주)가 가지지 못한 KTX가 오히려 지방 경제와 의식을 더욱 지켜주고 있는 것이 아닌가 하는 생각이 들 때가 많습니다.

대구는 KTX가 생기면서 병원이나 상점, 서비스업 등이 모두 서울에 밀려 경쟁력을 잃은 상태입니다. 사람들이 아플 때도, 놀 때도, 쇼핑할 때도, 공부할 때도 모두 서울로 올라가버리기 때문에 상대적으로 대구 시민은 서울의 풍요한 문화와 경제를 누리는 것 같지만 실상 대구의 경제와 문화는 낙후되어 가고 있다는 것이 저의 생각입니다.

저는 비대한 서울이 블랙홀이 되어 한국 사회 전체의 발전을 저해하는 데 KTX가 크게 일조했다고 생각합니다. 반면에 KTX를 제대로 소유하지 못한 광주나 전라도는 서울에 가고는 싶지만 가기가 힘들어서 아직은 지방의 병원, 상점 등을 이용해야 하는 상황에 있습니다. 저는 이것을 미국이 쿠바에 모든 비료, 원조를 끊었을 때, 어쩔 수 없는 상황 때문이었다 해도 결과적으로 쿠바가 유기농법을 택하고 성공한 것에 비교하고 싶습니다.

그리고 우리가 KTX를 제발 좀 늘려 달라고, 즉 서울 좀 빨리 가게 해 달라고 요구하는 것이 저항이 아니라 우리는 안 가도 된다고, 서울에 안 가는 대신 우리도 서울과 같은 문화를 누리 겠다고 할 때 진정한 서울 중심성에 대한 저항이 아닐까 생각합 니다. 이것이 저의 패배적인 지역 사회의 자기 합리화인지 아니 면 정말 이것이 진정한 열쇠가 될 수 있을지 궁금합니다."

이 편지는 내가 이제까지 읽었던 그 어떤 탈식민 이론서보다 도 탈식민적인 시각을 갖추고 있었고, 깨달음과 배움의 기회가 되었다. 이 편지를 쓴 분(젊은 여성)은 위에 인용된 내용 외에, 내 게 몇 가지 질문을 했지만 내가 덧붙일 말은 하나도 없었다. 완 벽한 글이었다. 나는 부끄러웠다.

서울과 광주 사이의 KTX 문제를 '차별'이라고 보는 것은 누 구의 입장인가? 나의 경험은 서울에 살면서 아주 가끔 광주에 볼일이 있는 사람의 처지에서 불편일 뿐, 이를 차별이라고 보편 화할 근거는 없다. (물론, '차별'이 아니라는 이야기는 아니다.) 더구 나 나는 서울 사람의 시각에서, 서울이 좋다는 전제에서, 서울이 중심인 것은 당연하다는 고정 관념에서, 광주의 상황을 재단하 고 그것을 '광주 편'이라고까지 떠들어댄 것이다. '내가 중심이고 중심에서 멀어진 너는 차별받는 것이다'라고 생각하는 이 서울 중심주의! 서울과 비서울 지역 사이의 교통 '불편'이, 비서울 지역에 불리하다고 생각하는 이 오만!

차별을 옹호하거나 개선할 필요가 없다는 이야기가 전혀 아니다. 나는 모든 불평등에 분노한다. 차별, 그리고 그로 인한 불편과 피해, 고통, 억압은 저항의 대상이며 교정되어야 한다. 이것은 별개의 논의이다. 다만, 이 글에서 문제 제기하고 싶은 것은 기존의 차별 기준이나 개념 자체가 차별을 심화하고 있는 것은 아닌지, 그리고 차별을 시정하는 것만큼이나 차별 현상을 다양하게 해석하는 작업의 '해방적' 의미에 대해서이다. 차별(unequality)을 불평등이 아니라 '다름(difference)'으로 재개념화하는 것은, 차별의 기준과 내용을 누가 정하는가의 문제이기 때문에 대단히 중요하다. 상대방이 차별한다 해도, 그것을 수용하지 않거나 심각하게 받아들이지 않거나 무관심하게 생각한다면 억압자가 의도한 차별의 효과나 이익을 보기 어렵다. 이렇게 생각할 때, 차별에 대한 다양한 실천도 가능하다. '차별 가해자'에게 같은 대우를 요구하는 투쟁도 필요하지만(하지만 이런 투쟁은 대개 실패하기 쉽다. 상대방이 수용할 리 만무하며 게다가 소위 '적을 닮아 가기' 쉽기 때문이다), 상대방의 시선으로부터 스스로 자유로워지는 것도 중요한 저항이다.

일상에서 이러한 예는 무수히 많다. 세계 공용어가 영어라서 미국 사람들은 행복할까? 요즘 미국인에 대한 정의는 '1개 국어'를 쓰는 사람이다. 미국의 문맹률이 전 세계 최고라는 사실은 차치하더라도, 지금 이 살벌한 글로벌 경제에서 1개 국어만 해도 먹고사는 데 별 지장 없는 '무식한' 사람들은 미국인밖에 없다. 그런데 왜 세상은 1개 국어밖에 못하는 사람들은 우월하고, 2개 국어 이상을 해야 하는 사람들은 열등하다고 생각하는가? 온 국민이 영어 스트레스에 시달리는 상황도 차별이지만, 왜 영어가 모국어가 아닌 사람은 열등하다고 생각하는지, 왜 영어가 모든 담론의 기원이라는 통념을 당연하다고 생각하는지……, 이런 사고방식이 더 심각한 차별이라고 생각한다.

한국에서 일하는 방글라데시나 베트남 노동자는 대개 모국어와 한국어를 둘 다 잘하는 경우가 많다. 그러나 한국 사회는 보통 한국인보다 언어 능력이 뛰어난 그들을 우월하다거나 '지식인'으로 생각하지 않는다. 한국어는 구경도 못 해본 대개의 미국인이 영어 잘하는 한국인을 대하듯 말이다.

탈식민(脫植民), 해방이란 '지배 세력'이 아니라 내가 나 자신을 정의하는 실천으로부터 시작된다. '서울'의 시선으로 나를 정체화하고 그들과 같아지려고 노력하는 것이 아니라 서울을 상대화하는 것, 서울을 기준으로 삼지 않는 것, 서울을 인식의 참고 문헌에서 제외하는 것, 서울을 '왕따'시키는 것, 서울과의 거리로 자기 지위를 판단하지 않는 것이다.

여기서 상기해야 할 사실 중의 하나는 '평등'이 대개는 흡수를 의미한다는 사실이다. 그리고 '서울'이든 '미국'이든 '남성'이든 우리가 흔히 '중심'이라고 불리는 경계선(border), 그 집단은 실제로는 존재하지 않는다. 그 집단 내부는 결코 균질적이지 않기 때문이다. 서울 사람이 다 같은가? 미국 내부의 차별이 얼마나 많은가? 남성들 내부의 차이는 남녀 간 차이보다 큰 경우가 대부분이다. '중심'과 같아짐을 의미하는 평등은 바람직하지도 않지만, 그 이전에 불가능한 프로젝트다.

2012. 봄

낯선 시선

2017년 3월 10일 초판 1쇄 발행
2019년 11월 25일 초판 4쇄 발행

- 지은이 ──────── 정희진
- 펴낸이 ──────── 한예원
- 편집 ──────── 이승희, 윤슬기, 양경아, 유리슬아
- 본문 조판 ──────── 성인기획
- 펴낸곳   교양인
   우 04020 서울 마포구 포은로 29 신성빌딩 202호
   전화 : 02)2266-2776 팩스 : 02)2266-2771
   e-mail : gyoyangin@naver.com
   출판등록 : 2003년 10월 13일 제2003-0060

ISBN 979-11-87064-09-1   03300

* 잘못 만들어진 책은 바꾸어드립니다.
* 값은 뒤표지에 있습니다.

이 도서의 국립중앙도서관 출판예정도서목록(CIP)은 서지정보유통지원시스
템 홈페이지(http://seoji.nl.go.kr)와 국가자료공동목록시스템(http://www.
nl.go.kr/kolisnet)에서 이용하실 수 있습니다.(CIP제어번호: CIP2017004090)